Omar Behadada
Abdelkader Benyettou

Détection des arythmies cardiaques par les chaînes de Markov cachées

Bouchra Triqui
Omar Behadada
Abdelkader Benyettou

Détection des arythmies cardiaques par les chaînes de Markov cachées

Laboratoire Signal Image Parole- université d'oran
USTO-MB Laboratoire de Génie biomédical -
Université de Tlemcen

Éditions universitaires européennes

Mentions légales / Imprint (applicable pour l'Allemagne seulement / only for Germany)
Information bibliographique publiée par la Deutsche Nationalbibliothek: La Deutsche Nationalbibliothek inscrit cette publication à la Deutsche Nationalbibliografie; des données bibliographiques détaillées sont disponibles sur internet à l'adresse http://dnb.d-nb.de.

Photo de la couverture: www.ingimage.com

Editeur: Éditions universitaires européennes est une marque déposée de
Südwestdeutscher Verlag für Hochschulschriften GmbH & Co. KG
Heinrich-Böcking-Str. 6-8, 66121 Sarrebruck, Allemagne
Téléphone +49 681 37 20 271-1, Fax +49 681 37 20 271-0
Email: info@editions-ue.com

Produit en Allemagne:
Schaltungsdienst Lange o.H.G., Berlin
Books on Demand GmbH, Norderstedt
Reha GmbH, Saarbrücken
Amazon Distribution GmbH, Leipzig
ISBN: 978-3-8417-9540-3

Imprint (only for USA, GB)
Bibliographic information published by the Deutsche Nationalbibliothek: The Deutsche Nationalbibliothek lists this publication in the Deutsche Nationalbibliografie; detailed bibliographic data are available in the Internet at http://dnb.d-nb.de.

Cover image: www.ingimage.com

Publisher: Éditions universitaires européennes is an imprint of the publishing house
Südwestdeutscher Verlag für Hochschulschriften GmbH & Co. KG
Heinrich-Böcking-Str. 6-8, 66121 Saarbrücken, Germany
Phone +49 681 3720-310, Fax +49 681 3720-3109
Email: info@editions-ue.com

Printed in the U.S.A.
Printed in the U.K. by (see last page)
ISBN: 978-3-8417-9540-3

Livre Présenté Par :

TRIQUI Bouchra

BEHADADA Omar

BENYETTOU Abdelkader

THÈME :

Classification Des Arythmies Cardiaques

Par

Les Chaînes De Markov Cachées

I

SOMMAIRE

IV

V

LISTE DES FIGURES

VIII

LISTE DES TABLEAUX

Willem Einthoven en 1906

Willem Einthoven né le 21 mai 1860 à Semarang dans les indes orientales néerlandaises. Lorsque son père médecin décède, Willem n'a que dix ans. Sa mère, seule en charge désormais de six enfants, décide de retourner en Hollande, à Utrecht, où le garçon suit une scolarité sans histoire avant d'intégrer, en 1878, l'université de la ville. Sur les traces de son père, Einthoven s'inscrit en médecine. Il montre très vite des aptitudes exceptionnelles dans des domaines divers; on le retrouve ainsi successivement dans les laboratoires de l'ophtalmologiste Snellen, de l'anatomiste Koster et du physiologiste Donders, qui supervise sa thèse de doctorat. En 1885, Einthoven devient professeur de physiologie de l'université deLeyde , il le restera jusqu'à sa mort en 1927 .

Le nom d'Einthoven reste intimement lié à l'histoire de l'électrocardiographie. Né en 1887 avec les travaux de Waller, ce dernier fait réellement son entrée dans le monde médical grâce au savant hollandais. En effet, en 1901, il met au point son galvanomètre à cordes, un appareil encore utilisé de nos jours capable de mesurer les changements de potentiel électrique dus aux contractions du muscle cardiaque et de les enregistrer graphiquement. Un an plus tard, il publie le premier électrocardiogramme obtenu avec son nouveau galvanomètre. Par la suite, Einthoven multipliera les enregistrements des cœurs sains et malades afin d'affiner la précision de son invention et de faire progresser la connaissance de cet organe vital. Ses recherches sur l'électrocardiogramme dont il introduit le terme pour la première fois en 1893, lui vaudront le prix Nobel de Médecine en 1924.

Introduction

Nous traitons dans ce livre l'extraction de la connaissance à partir des données cardiaques, en utilisant les chaînes de Markov cachées afin d'implémenter un classifieur des pathologies cardiaques.

Les taux de mortalité dus aux maladies cardio-vasculaires sont très élevés. D'après l'organisation mondiale de la santé [Who, 2005], les affections cardio-vasculaires sont parmi les premières causes de la mortalité dans le monde. La mort subite représente environ la moitié des décès d'origine cardiaque, la moyenne d'âge est entre 50 et 60 ans mais elle peut survenir à tout âge. Les mécanismes de cette mort subite sont essentiellement les troubles du rythme ventriculaire avec 75% où l'existence de l'extrasystole ventriculaire est notée comme un éventuel facteur prédictif. Un signal ECG est très utilisé dans la routine clinique par les cardiologues afin de connaître les origines des anomalies cardiaques.

La plus part des classifieurs des arythmies cardiaques développés au cours de ces dernières années, donnent des résultats non explicites, sans interprétation en adoptant généralement l'approche neuronale.[Lagerholm 2000], [Silipo 1999a], [Carrault 2003], [Belgacem 2002] et [Hedeili 2004].

Dans ce travail nous avons appliqué la méthode des chaînes de Markov cachées pour la classification de quelques anomalies cardiaques.

Les chaînes de Markov sont un outil fondamental pour modéliser les processus ainsi que pour la modélisation des relations entre symboles successifs d'une même séquence, en allant au-delà du modèle polynomial. Les modèles markoviens cachés ont également diverses utilisations, telles que la segmentation (définition de frontières de régions au sein de séquences de gènes ou de protéines dont les

1

propriétés chimiques varient), l'alignement multiple, la prédiction de fonction, ou la découverte de gènes.

Ce livre est composé de quatre chapitres, nous présentons dans le premier chapitre quelques notions de la physiologie du cœur, ce qui est très important car il permet de mieux connaître la nature physiologique de l'ECG, tout en nous aidant dans notre choix des paramètres représentatifs d'un battement cardiaque par la suite.

Le deuxième chapitre porte sur les réseaux de neurones artificiels en se focalisant sur le perceptron multicouches afin de le comparer avec les chaînes de Markov cachées.

Le chapitre trois décrira les principes des chaînes de Markov. Nous avons présenté quelquesalgorithmes tel que l'algorithme de Viterbi, L'algorithme de Baum-Welch, et L'algorithme de Forward, ces algorithmes constituent le cœur de l'application que nous avons développée pour les chaînes de Markov.

Nous présenterons dans le dernier chapitre les résultats de la classification de quelques anomalies cardiaques (Extrasystole Ventriculaire, Auriculaire et Jonctionnelle) en s'intéressant surtout sur la pathologie Ventriculaire.

Le but de ce modeste travail est de montrer l'intérêt des chaines de Markov comme un classifieur, et de faire une comparaison avec d'autres travaux similaires.

Chapitre 1

Electrocardiographie et pathologies cardiaques

1.1. Présentation

Ce chapitre présente des notions fondamentales sur l'électrogénèse cardiaque. Il décrit les caractéristiques du tissu cardiaque auxquelles nous nous référerons dans ce livre ainsi que les processus de propagation de l'influx cardiaque, puis les principes fondamentaux de l'électrocardiographie et les différents types d'enregistrement qui peuvent amener à une détection de pathologies cardiaques.

1.2. Anatomie et fonctionnement du cœur

Le cœur est situé au milieu du médiastin où il est partiellement recouvert par les poumons et antérieurement par le sternum et les cartilages des troisièmes, quatrièmes et cinquièmes côtes. Les deux tiers du cœur sont situés à gauche de la ligne passant par le milieu du corps. Il repose sur le diaphragme et est incliné en avant et à gauche de telle sorte que l'apex soit antérieur par rapport au reste du cœur. Le cœur est constitué de quatre cavités contractiles: les oreillettes reçoivent le sang veineux et les ventricules droit et gauche le propulsent respectivement dans la circulation pulmonaire et dans la circulation systémique (Figure1.1). Chaque battement cardiaque est un processus mécanique engendré par des phénoménes bioélectriques notamment ioniques.

3

1.3. L'électrogénès cardiaques

Excitabilité et contractilité sont les propriétés essentielles des tissus cardiaques. Elles varient selon la localisation de ces tissus dans le myocarde. Pendant la période d'activité (systole) et de repos (diastole) les cellules cardiaques sont le siège d'une suite complexe d'événements électriques membranaires et intracellulaires qui entraînent le glissement des filaments d'actine et de myosine à l'origine du raccourcissement de la cellule, donc de la

 contraction [Desnos, 1995].

1.3.1. Potentiel d'action

Ce sont les ions chlorure (Cl), sodium (Na+), calcium (Ca++) et potassium (K+) qui sont impliqués dans les échanges membranaires. Leurs osmolarités, intra-cellulaire et extra- cellulaire présentent des valeurs de potentiel électrochimique très différentes, spécifiques de chaque ion.

Les gradients des concentrations ioniques sont régis par des mécanismes d'échange à travers des canaux spécifiques de la membrane cellulaire. Les variations des potentiels observées au cours du cycle cardiaque correspondent à des modifications de la perméabilité membranaire pendant les différentes phases de ce cycle [Desnos, 1995].

Pendant la phase de repos (diastole cellulaire), la polarisation membranaire à l'intérieur de la cellule est négative par rapport à l'extérieur : c'est le potentiel de repos dont la valeur est comprise entre -80 et -90 mV (Tableau 1.1).

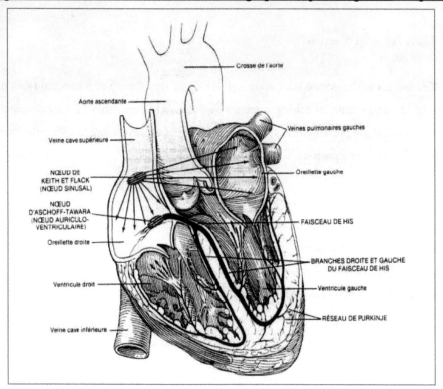

Figure1.1 : représentation du cœur et de l'origine des gros vaisseaux : on distingue également les voies de conduction normales de l'influx cardiaque.

Pendant la phase de systole, le potentiel de membrane tend à s'inverser par suite des variations de perméabilité aux ions Na+, Ca++ et du flux sortant de K+. L'intérieur de la membrane peut alors atteindre des potentiels de +20 à +30 mV par rapport à l'extérieur de la cellule.

Cette variation de potentiel de membrane, caractéristique de la phase d'activité d'une cellule, constitue le potentiel d'action (Figure1.2).

6

Concentrations ioniques		
	Intra-cellulaire	Extra-cellulaire
Cl	30 mmoles	140 mmoles
Na+	10 mmoles	140 mmoles
Ca++	100 mmoles	2 mmoles
K+	140 mmoles	4 mmoles

Tableau 1.1 : concentrations intra et extra-cellulaires (données en mmoles) des principaux ions impliqués dans les phénomènes électrophysiologiques cardiaques et valeurs des potentiels électrochimiques d'équilibre correspondant.

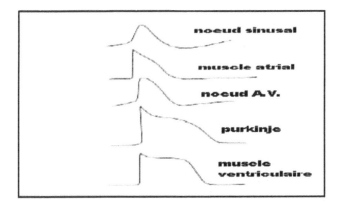

Figure 1.2 : représentation schématique de différentes courbes du potentiel d'action

La forme du potentiel d'action varie selon le tissu considéré. Son amplitude crête-à-crête est de 100 à 120 mV. La phase de dépolarisation est la plupart du temps rapide ou très rapide. La vitesse est à peu près proportionnelle à la vitesse de conduction des tissus.

La phase rapide de dépolarisation est suivie d'un plateau plus ou moins long et plus ou moins ample selon le tissu. Le tissu nodal (c'est-à-dire des nœuds sinusal et auriculo- ventriculaire) présente, contrairement aux autres, une phase de dépolarisation lente.

Durant la phase de dépolarisation et une partie de la phase de repolarisation appelée (période réfractaire), les cellules sont inexcitables. Ces caractéristiques des cellules cardiaques contribuent à une bonne synchronisation des mécanismes de contraction de l'ensemble du muscle cardiaque.

1.3.2. Propagation de l'excitation

La transmission de l'excitation dans les fibres cardiaques s'effectue de proche en proche. Elle résulte d'un flux de courant entre les cellules qui viennent d'être activées et les cellules adjacentes au repos.

L'excitation qui est à l'origine du battement cardiaque prend naissance dans le noeud sinusal (ou nœud de Keith et Flack). Elle se propage de cellule à cellule dans toute la masse

du muscle auriculaire pour produire la contraction des oreillettes.L'excitation atteint alors le noeud auriculo-ventriculaire (ou nœud d'Aschoff-Tawara, Figure1.3).

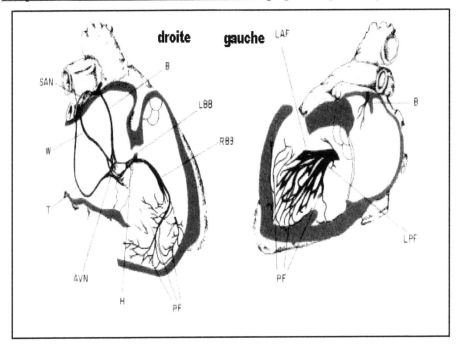

Figure1.3 : principales caractéristiques du système de conduction dans un coeur humain. SAN: nœud sinusal (Keith et Flack), B: branche antérieure, W: branche médiane,T: branche postérieure, AVN: nœud auriculo-ventriculaire, H: faisceau de His, LBB:branche gauche, RBB: branche droite, PF: fibres de Purkinje.

Ce nœud a un rôle de régulateur. Il impose à l'onde de propagation un certain retard avant de la transmettre au faisceau de His. Celui-ci transmet l'excitation aux ventricules, plus précisément au faisceau de His et aux fibres de Purkinje qui cheminent sur toute la surface interne des ventricules. Le nœud auriculo-ventriculaire et le faisceau de His constituent le seul lien fonctionnel normal entre les étages auriculaire et ventriculaire. Grâce au retard imposé par le nœud auriculo-ventriculaire, les ventricules ne sont dépolarisés qu'après la fin de la contraction des oreillettes, donc au moment où les ventricules sont remplis.

La conduction dans le réseau de Purkinje est très rapide ce qui permet d'obtenir une contraction à peu près simultanée de l'ensemble des myocardes ventriculaires droit et gauche, d'où une expulsion optimale du volume sanguin ventriculaire vers les artères. La repolarisation se produit ensuite de façon plus lente [Desnos, 1995].

1.3.3. La commande rythmique du cœur :

Le cœur est un muscle caractérisé par une activité automatique, spontanée et régulière. Le cœur isolé bat à une fréquence qu'on appelle (la fréquence cardiaque idiopathique). Elle est en moyenne de 70 battements par minute chez l'adulte. Cette fréquence diminue avec l'âge et l'entraînement physique. Sur le cœur normal, le nœud sinusal est soumis à une régulation extra cardiaque qui a pour effet de réduire la fréquence cardiaque au repos et de l'augmenter au cours de l'effort physique. Cette régulation est assurée en grande partie par le système nerveux autonome.

1.3.3.1. Le système nerveux autonome :

Le système nerveux autonome joue un rôle clé dans la régulation de l'activité cardiaque, de la fréquence, de la force des battements cardiaques, de la pression artérielle (dilatation ou vasoconstriction des vaisseaux sanguins).
Il comprend deux systèmes d'effet inverses :

a. Le système parasympathique
C'est l'élément dominant de la régulation de la fréquence cardiaque chez l'homme. Il permet le ralentissement de la fréquence cardiaque.

b. Le système sympathique

Il est surtout relié aux processus qui impliquent une dépense d'énergie. Lorsque l'organisme est en homéostasie, la fonction principale du système sympathique est de combattre les effets du système parasympathique. A l'inverse de la situation au repos, lors d'une tension extrême par exemple, le système sympathiquedomine le système parasympathique, surtout dans des situations de stress [Desnos, 1995].

1.3.3.2. Le baroréflexe :

L'arc baroréflexe est un mécanisme de rétro-contrôle de la pression artérielle par lequel toute modification de la pression artérielle entraîne une variation opposée de la fréquence cardiaque (baroréflexe cardiaque) et des résistances périphériques (baroréflexe vasomoteur). Ce rétro-contrôle a pour objectif de réguler de façon rapide l'état tensionnel du système circulatoire. Il réduit la labilité tensionnelle et maintient en toutes circonstances le niveau de pression autour d'une valeur moyenne [Desnos, 1995].

1.4. Electrocardiographie

Une fibre cardiaque en cours de dépolarisation peut être assimilée à un dipôle de courant. A un instant donné, le front de l'onde d'activation formé par l'ensemble des dipôles élémentaires crée un champ électrique qui est fonction des moments dipolaires. L'enregistrement de l'évolution temporelle du champ électrique résultant, effectué au moyen d'électrodes cutanées, se nomme l'électrocardiogramme de surface.

L'apparition de l'électrocardiographie, il y a une centaine d'années, coïncide avec la création du premier système d'enregistrement suffisamment sensible pour mesurer les potentiels électriques cardiaques à partir de la surface du corps. Ce système fut réalisé en

1903 par Willem Einthoven [Einthoven, 1941], physiologiste néerlandais de Leyde (1860-1927), considéré comme le père de l'électrocardiographie. Il décrivit la succession des ondes

P, Q, R, S et T dans le signal électrocardiologique.

Il fut également le premier à découvrir certaines anomalies électrocardiographiques telles que les tachycardies et les bradycardies ventriculaires. Il reçut en 1924 le prix Nobel pour l'ensemble de son travail sur l'électrocardiographie. Le système d'enregistrement d'Einthoven, produit et commercialisé pour la première fois en 1908 par la «Cambridge Scientific Instrument Company of London», obtint un succès important et bien d'autres modèles furent développés par la suite. D'autres scientifiques ont activement contribué à l'évolution de l'électrocardiographie. Citons notamment Samojloff , Lepeschkin, Lewis et Wilson.

1.4.1. Enregistrement de l'ECG standard (les dérivations)

Un système de dérivations consiste en un ensemble cohérent de dérivations, chacune définie par la disposition de ses électrodes sur le thorax du patient. L'emplacement des électrodes est choisi de sorte à explorer la quasi totalité du champ électrique cardiaque en offrant un ensemble cohérent de dérivations non redondantes. Plusieurs systèmes standardisés existent. Dans le paragraphe suivant, nous décrirons chronologiquement les systèmes de dérivations les plus utilisés et les différents types d'ECG associés.

1.4.1.1. Les dérivations périphériques bipolaires standards

Les dérivations I, II et III sont des dérivations bipolaires qui explorent l'activité cardiaque dans le plan frontal. Ce système de référence est schématisé par un triangle équilatéral dit triangle d'Einthoven, dont les sommets représentent les localisations des électrodes (Figure1.4). Les trois électrodes sont placées respectivement : au bras droit pour R, au bras gauche pour L et à la jambe gauche pour F. On considère que tous les vecteurs résultants instantanés ont pour origine commune le centre du triangle équilatéral et on recueille leurs projections sur les côtés de ce triangle en mesurant les différences de potentiel entre ses sommets :

$$DI = VL - VR \qquad DII = VF - VR \qquad DIII = VF - VL$$

Théoriquement, on a la relation : $\qquad DI + DIII = DII$

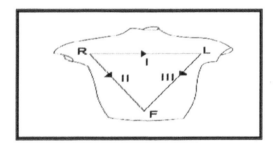

Figure1.4 : triangle d'Einthoven. Le corps est supposé avoir une configuration triangulaire du point de vue de ses caractéristiques.

1.4.1.2. Les dérivations périphériques unipolaires :

En 1934, Wilson introduit les dérivations unipolaires. Dans ce cas, il mesure la différence de potentiel entre un point de référence et chacun des points R, L et F. Dans le système dit de Wilson, ce point de référence appelé (borne centrale de Wilson) est virtuel, il est supposé demeurer à un potentiel invariable et de valeur pratiquement nulle.

Goldberger propose en 1942, les (dérivations unipolaires augmentées des membres) (aVR, aVL, aVF). Celles-ci permettent d'obtenir des signaux de plus grande amplitude que ceux du système de Wilson. Ces dérivations mesurent la différence de potentiel entre chacun

des trois points et le potentiel moyen des deux autres (Figure1.5) :

$$aVR = V_R - \frac{V_L - V_F}{2} = 3 \times \frac{V_R}{2}$$

$$aVL = V_L - \frac{V_F - V_R}{2} = 3 \times \frac{V_L}{2}$$

$$aVF = V_F - \frac{V_R - V_L}{2} = 3 \times \frac{V_F}{2}$$

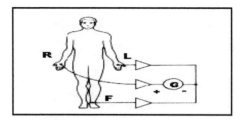

Figure1.5 : circuit utilisé pour l'acquisition des dérivations augmentées : sur ce schéma, le galvanomètre permet de mesurer aVR.

14

En 1935, Kossman propose les dérivations unipolaires précordiales (V1 à V6) (Figure1.6).

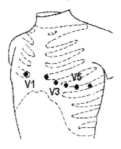

Figure1.6 : positions d'électrodes recommandées pour l'enregistrement du système de dérivations unipolaires précordiales (V1-V6).

Ces six dérivations unipolaires parcourent transversalement la région précordiale antérieure et latérale gauche. Elles correspondent à la mesure de différence de potentiel entre chaque électrode et la borne centrale de Wilson.

Le système d'électrodes standard utilisant 12 dérivations est finalement constitué de l'ensemble des dérivations: aVR, aVL, aVF, DI, DII, DIII et V1 à V6.

1.4.2. Ondes enregistrées

Pour chaque battement cardiaque, l'électrocardiogramme enregistre 3 ondes successives (Figure1.7):

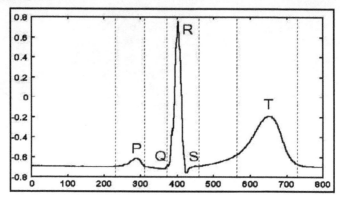

Figure1.7 : le cycle cardiaque complet.

- L'onde P : elle représente la dépolarisation auriculaire. Sa durée est de l'ordre de 90

ms. C'est une onde positive dont l'amplitude est normalement inférieure ou égale à 0.2 mV.

-Le complexe QRS : il correspond à la dépolarisation ventriculaire précédent l'effet mécanique de contraction. Sa durée normale est comprise entre 85 et 95 ms.

- L'onde T : elle correspond à la repolarisation des ventricules. L'onde T normale à une amplitude plus faible que le complexe QRS.

L'intervalle PR mesure la durée entre le début de l'onde P et le début de Q ou de R. Sa durée est comprise entre 120 et 180 ms. La phase de repolarisation ST-T est beaucoup plus longue (300-400 ms) que la phase de dépolarisation ventriculaire (85-95 ms).

La phase de repolarisation auriculaire n'apparaît pas sur l'ECG car elle est noyée dans le complexe QRS.

1.4.3. Le vectocardiogramme

C'est en 1914 qu'apparut pour la première fois le concept de vectocardiographie décrit par Williams. Ce médecin proposa une représentation du signal cardiaque, non plus sous deux dimensions (amplitude, temps), mais sous quatre dimensions: le temps et l'espace à 3 dimensions comprenant les axes frontal, sagittal et transversal du corps humain. La vectocardiographie se réfère à la théorie du dipôle unique d'après laquelle l'information qui se manifeste dans les zones activées du cœur, en un instant déterminé, peut s'exprimer sous forme d'un vecteur champ électrique unique ayant pour origine le point O représentant le centre électrique de la masse ventriculaire. Ce point O reste fixe et on l'utilise comme point d'origine de tous les vecteurs résultants instantanés qui évoluent au cours du temps.

Chaque séquence du champ électrique cardiaque, P, QRS et T, peut être représentée par l'enveloppe des vecteurs résultants successifs et constitue une courbe spatiale appelée le vectocardiogramme.

Le vectocardiogramme fut, dans un premier temps, enregistré par l'intermédiaire de quatre électrodes placées sur le thorax. Ces dérivations ne convenaient cependant pas à la mesure des composantes vectorielles du vecteur résultant de la force électromotrice du coeur. En effet, pour la mesure vectocardiographique, la condition géométrique d'orthogonalité des dérivations est essentielle. Les travaux de Frank apportent en 1956 un système de dérivations orthogonales X, Y et Z (Figure1.8) applicable en pratique clinique et demeurant aujourd'hui un des systèmes vectocardiographiques les plus utilisés.

Les trois dérivations sont obtenues par un réseau de résistances ou par calcul mathématique   réalisant une combinaison linéaire des potentiels recueillis par 8 électrodes cutanées: une électrode de référence placée à la jambe droite (non référencée   dans   la Figure1.8), 5 électrodes thoraciques dans un même plan transversal (deux électrodes situées de part et d'autre du thorax sur la ligne axillaire, une sur le sternum, une autre dans le dos et une autre à la hauteur du mamelon gauche), une électrode sur la nuque et la dernière sur la jambe gauche.

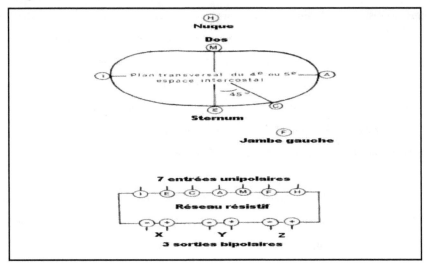

Figure1.8 : schéma de la position des 7 électrodes d'après le système de Frank.

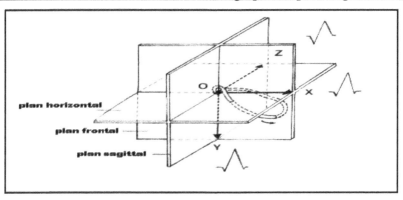

Figure1.9 : schéma d'un vectocardiogramme spatial normal (onde QRS). Il s'inscrit dans un système de référence qui est le trièdre orthogonal OX, OY, OZ composé par les trois dérivations orthogonales corrigées X, Y, Z. L'origine de la courbe est le point O, centre du trièdre. Dans cet exemple, la courbe débute à droite en avant et en bas. Elle s'oriente ensuite en arrière et développe sa plus grande élongation dans l'octant postérieur gauche inférieur.

Le système de référence est un repère tri-orthogonal dont les axes sont liés à la géométrie du thorax : OX transversal, OY vertical, OZ sagittal (Figure1.9). Les signaux enregistrés sur X, Y et Z sont les projections du vecteur instantané sur ces trois axes. D'un point de vue pratique, les boucles vectocardiographiques des ondes P, QRS et T sont représentées par leurs projections sur les plans frontal (OX,OY), horizontal (OX,OZ) et sagittal (OZ,OY).

En définitive, l'électrocardiogramme et le vectocardiogramme représentent des moyens de diagnostic puissants et peu coûteux. Ces méthodes sont triplement avantageuses: en plus d'être rapides, elles sont non invasives et donc atraumatiques, et lorsqu'elles nécessitent une période de mesure plus longues, elles peuvent être rendues ambulatoires.

19

1.4.4. Electrocardiogramme ambulatoire d'Holter :

L'enregistrement électrocardiographique ambulatoire fut mis au point par Holter en

1961 [Holter, 1961]. Ce type d'enregistrement est surtout employé pour détecter l'apparition d'arythmies et la modification du segment ST-T sur une durée de 24 heures.

Les électrodes utilisées sont comme pour tous les ECG, des électrodes en Ag/AgCl. Une préparation de la peau est nécessaire afin de limiter les interférences générées par l'interface peau-électrode.

Les enregistreurs sont soit analogiques (bande magnétique), soit numériques. L'inconvénient majeur des systèmes numériques était jusqu'à très récemment leur manque de résolution lié à l'utilisation d'algorithmes de compression numérique permettant de stocker les données dans des livres solides dont la capacité est limitée à quelques méga-octets. Pour avoir des performances comparables à celles des enregistreurs, il faudrait des capacités d'environ 80 Mo pour pouvoir stocker 24 heures sur trois voies avec une résolution acceptable. L'évolution technologique permet d'envisager de disposer de telles capacités dans un avenir proche (livres Flash ou micro-disques). L'ECG Holter est reconnu comme un outil très efficace pour le diagnostic des arythmies transitoires.

1.5. Les pathologies cardiaques

1.5.1. La mort subite d'origine rythmique

Il y a plus de cent ans déjà, Mc Williams avait mis en évidence, chez l'animal, le fait que la mort subite était la conséquence d'une fibrillation ventriculaire (FV), elle-même issue de l'occlusion aiguë d'une artère coronaire. Plus tard, ce résultat a été confirmé sur l'homme par des études basées sur des observations de patients ayant survécu à un arrêt cardiaque. Les enregistrements Holter ont été utilisés pour analyser la variation du cycle cardiaque et ses relations avec la mort subite. Dans soixante quinze pour-cent des cas d'apparition de tachycardies ventriculaires (TV), l'étiologie est une cardiopathie ischémique. Cette TV peut dégénérer en FV et induire une mauvaise tolérance hémodynamique qui précède le plus souvent une mort subite.

Estimées à 400 000 par an aux Etats-Unis d'Amérique et entre 30 000 et 60 000 par an en France [Who, 2005], les morts subites d'origine cardio-vasculaire représentent la première cause de mortalité dans les pays industrialisés pas seulement dans ces pays mais même en Algérie elle est considérée comme la première cause de mortalité avec des taux très élevé. Ces chiffres justifient clairement l'intérêt des travaux de ces quinze dernières années pour tenter de prévenir la mort subite cardio-vasculaire chez les patients à haut risque.

Nous présenterons, dans la suite de ce chapitre, les différents paramètres électriques pour la prédiction de ce type d'arythmie.

1.5.2. Arythmies cardiaques

1.5.2.1. Physiologie

La contraction cardiaque normale provient d'une dépolarisation (inversion de la polarité électrique de la membrane cellulaire) cyclique d'un groupe de cellules situées sur la partie haute de l'oreillette droite, le nœud sinusal.

Cette dépolarisation se propage à l'ensemble du cœur et entraîne, au niveau des cellules musculaires, une contraction de ces dernières. Elle est suivie par une période réfractaire, bref moment où les cellules ne sont plus stimulables. Le rythme cardiaque est ainsi piloté par ce nœud.

Cette dépolarisation peut parfois être issue d'un autre endroit que le nœud sinusal. Elle provient alors d'une autre partie des oreillettes, du tissu de conduction (système nerveux propre appelé cardionecteur du cœur) ou des ventricules. Si cette dépolarisation survient en dehors de la période réfractaire, elle est transmise, de proche en proche, à toute ou partie du cœur, entraînant une contraction supplémentaire, constituant l'extrasystole. Elle est ainsi le résultat d'une excitabilité électrique accrue d'une zone bien délimitée du muscle cardiaque.

Selon la cavité cardiaque où a lieu la contraction prématurée des fibres musculaires (oreillette, ventricule ou jonction entre ces deux cavités), on parlera d'extrasystoles auriculaires (ESA), d'extrasystoles ventriculaires (ESV) ou d'extrasystoles jonctionnelles. Les extrasystoles auriculaires et jonctionnelles, d'aspect et de causes proches, sont reliés sous le vocabulaire d'extrasystoles supra-ventriculaires à contraction générée, n'est pas toujours efficace : si une extrasystole ventriculaire survient trop en avance, elle arrive alors que cette cavité est

22

peu remplie : la contraction résultante n'a dans ce cas qu'une efficacité réduite, voire nulle sur le débit cardiaque .

Elle peut donc être visible sur l'électrocardiogramme qui visualise le fonctionnement électrique du cœur, mais par contre, invisible directement sur les courbes de pression, ou, de manière plus simple, à la palpation du pouls.

L'extrasystole est parfois suivie par une courte pause, le repos compensateur. Ce dernier a pour conséquence un remplissage cardiaque amélioré. La contraction suivante est donc plus efficace et plus forte. C'est cette dernière qui est ressentie lors des palpitations et non pas l'extrasystole.

1.5.2.2. Extrasystoles ventriculaires

En terme diagnostique ce qui importe est de savoir si l'extrasystole ventriculaire présente ou non des signes de gravité pouvant conduire à une tachycardie ventriculaire, avec alors la nécessité d'introduire un traitement anti-arythmique.

-On retrouve un complexe QRS non précédé par (ou sans relation chronologique fixe avec) une onde P (Figure1.10).

-Le complexe QRS est typiquement large (supérieur à 0,12 s.) et déformé par rapport aux complexes QRS de base avec aspect soit de bloc de branche droit s'il s'agit d'une extrasystole ventriculaire naissant du ventricule gauche, soit de bloc de branche gauche s'il s'agit d'une ESV naissant du ventricule droit. La repolarisation est inversée avec une onde T négative [Desnos, 1995].

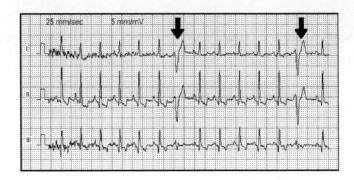

Figure1.10: extrasystoles ventriculaires dans un tracé ECG.

1.5.2.3. Extrasystoles auriculaires

Le diagnostic d'extrasystole atriale repose sur trois éléments :

- l'existence d'une onde P, prématurée par rapport au cycle atrial de base (Figure1.11).

- La morphologie de cette onde P, qui est différente de celle des ondes sinusales.

- La durée de l'intervalle PR, supérieure ou égale à 0,12 seconde.

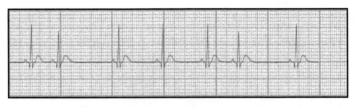

Figure1.11: extrasystole auriculaire dans un tracé ECG.

24

Le deuxième et le sixième complexe surviennent à l'avance. Ils sont précédés d'une onde P. Il s'agit d'extrasystoles auriculaires.

1.5.2.4. Extrasystoles jonctionnelle

Le diagnostic d'extrasystole jonctionnelle repose en principe sur les critères suivants :
-Un complexe QRS prématuré, de même aspect que celui du complexe QRS de base.
- Au voisinage de ce QRS, soit aucune onde P, ne soit une onde P de type rétrograde, située soit après le complexe QRS, soit immédiatement avant lui, avec un intervalle P R inférieur à 0,12 seconde.

1.6. Conclusion

Définir l'anatomie du cœur et son électrophysiologie a été le but principal de ce chapitre.

Les points de stimulation cardiaque et son parcours, la source électrique du cœur (les échanges intra et extra cellulaires) sont très utiles pour comprendre la naissance du signal ECG et le sens de ses différents ondes (P, Q, R, S et T). Connaître les différentes dérivations d'acquisition de l'ECG est un point très important pour comprendre son interprétation, une déformation dans l'ECG indique des anomalies cardiaques qui peuvent être : l'extrasystole ventriculaire, auriculaire ou bien jonctionnelle.

Nous avons indiqué les paramètres qui interviennent dans la détection de ces anomalies par exemple la largeur du complexe QRS, le segment PR et le rythme RR..... etc.

La classification des pathologies cardiaques est d'un grand intérêt dans le domaine médical, nous présentons dans le chapitre suivant les réseaux de neurones comme outil de classification.

Chapitre 2

Les Réseaux de Neurones

2.1. Présentation

Ce chapitre définit les réseaux de neurones artificiels, en particulier le perceptron multicouche que nous avons utilisé afin de faire une comparaison avec la classification faite par les chaînes de Markov.

2.2. Introduction

Les réseaux de neurones, fabriqués de structures cellulaires artificielles, constituent une approche permettant d'aborder sous des angles nouveaux les problèmes de perception, de livre, d'apprentissage et de raisonnement. Ils s'avèrent aussi des alternatives très prometteuses pour contourner certaines des limitations des ordinateurs classiques. Grace à leur traitement parallèle de l'information et à leurs mécanismes inspirés des cellules nerveuses (neurones), ils infèrent des propriétés émergentes permettant de solutionner des problèmes qualifiés de complexes.

2.3. Objectifs

Le cerveau humain contient environ 100 milliards de neurones. Ces neurones vous permettent, entre autre, de lire un texte tout en maintenant une respiration régulière permettant d'oxygéner votre sang, en actionnant votre cœur qui assure une circulation efficace de ce sang pour nourrir vos cellules, etc. Ils vous permettent même de comprendre les idées que veut dire ce texte.

Chacun de ces neurones est par ailleurs fort complexe. Essentiellement, il s'agit de tissu vivant et de chimie. Les spécialistes des neurones biologiques (ceux qui œuvrent en neurophysiologie) commencent à peine à comprendre quelques uns de leurs mécanismes internes. On croit en général que leurs différentes fonctions neuronales, y compris celle de la livre, sont stockées au niveau des connexions (synapses) entre les neurones. C'est ce genre de théorie qui a inspiré la plupart des architectures de réseaux de neurones artificiels. L'apprentissage consiste alors soit à établir de nouvelles connexions, soit à en modifier des existantes [Parizeau, 2004].

2.4. Histoire

De nombreux ouvrages ont permis de documenter l'histoire des recherches en réseaux de neurones. En particulier, le livre intitulé (Neurocomputing : Foundations of Research) édité par John Anderson et Edward Rosenfeld est une compilation de 43 articles qui ont marqué le domaine sur le plan historique.

Deux ingrédients sont à la base de tout avancement des connaissances. Premièrement, il importe de posséder un nouveau concept, ou un nouveau point de vue à propos d'un sujet, qui vient jeter une lumière là où il n'y avait qu'obscurité. Par exemple, considérons le cœur humain à différentes époques on le considérait comme le centre de l'âme ou encore comme une source de chaleur. Quelque part au 17éme siècle, les médecins ont commencé à le considérer comme une pompe et ont donc conçu des expériences pour tenter de comprendre son fonctionnement, ce qui a éventuellement permis une compréhension du système sanguin. Sans le concept de pompe, une compréhension du cœur et du système sanguin en général était simplement hors d'atteinte.

Deuxièmement, il importe aussi de posséder des outils technologiques permettant de construire des systèmes concrets. Par exemple, on connaissait les théories physiques permettant d'envisager la conception d'une bombe atomique bien avant d'être capable de réaliser une telle bombe. On savait aussi mathématiquement reconstruire des images de radiographie en coupe (tomographie) bien avant de posséder les ordinateurs et les algorithmes capables d'effectuer efficacement les calculs requis dans un temps raisonnable.

L'histoire des réseaux de neurones est donc tissée à travers des découvertes Conceptuelles et des développements technologiques survenus à diverses époques.

Brièvement, les premières recherches remontent à la fin du 19éme et au début du 20éme siècle. Ils consistent en des travaux multidisciplinaires en physique, en psychologie et en neurophysiologie par des scientifiques tels Hermann Von Helmholtz, Ernst Mach et Ivan Pavlov.

À cette époque, il s'agissait de théories plutôt générales sans modèle mathématique précis d'un neurone.

On s'entend pour dire que la naissance du domaine des réseaux de neurones artificiels remonte aux années 1940 avec les travaux de Warren McCulloch et Walter Pitts qui ont montré qu'avec de tels réseaux, on pouvait, en principe, calculer n'importe quelle fonction arithmétique ou logique. Vers la fin des années 1940, Donald Hebb a ensuite proposé une théorie fondamentale pour l'apprentissage.

La première application concrète des réseaux de neurones artificiels est survenue vers la fin des années 1950 avec l'invention du réseau dit (perceptron) par Frank Rosenblatt. Rosenblatt et ses collègues ont construit un réseau et démontré ses habilités à reconnaitre des formes. Malheureusement, il a été démontré par la suite que ce perceptron simple ne pouvait résoudre qu'une classe limitée de problème [Parizeau, 2004].

Environ au même moment, Bernard Widrow et Ted Hoff ont proposé un nouvel algorithme d'apprentissage pour entrainer un réseau adaptatif de neurones linéaires, dont la structure et les capacités sont similaires au perceptron.

Vers la fin des années 1960, un livre publié par Marvin Minsky et Seymour Papert est venu jeter beaucoup d'ombre sur le domaine des réseaux de neurones. Entre autres choses, ces deux auteurs ont démontré les limitations des réseaux développés par Rosenblatt et Widrow- Hoff. Beaucoup de gens ont été influencés par cette démonstration qu'ils ont généralement mal interprétée. Ils ont conclu à tort que le domaine des réseaux de neurones était un cul de sac et qu'il fallait cesser de s'y intéresser (et de financer la recherche dans ce domaine), d'autant plus qu'on ne disposait pas à l'époque d'ordinateurs suffisamment puissants pour effectuer des calculs complexes [Parizeau, 2004].

Heureusement, certains chercheurs ont persévéré en développant de nouvelles architectures et de nouveaux algorithmes plus puissants. En 1972, Teuve Kohonen et James Anderson ont développé indépendamment et simultanément de nouveaux réseaux pouvant servir de livres associatives. Egalement, Stephen Grossberg a investigué ce qu'on appelle les réseaux auto-organisés.

Dans les années 1980, une pierre d'achoppement a été levée par l'invention de l'algorithme de rétropropagation des erreurs. Cet algorithme est la réponse aux critiques de Minsky et Papert formulées a la fin des années 1960. C'est ce nouveau développement, généralement attribué à David Rumelhart et James McClelland, mais aussi découvert plus ou moins en même temps par Paul Werbos et par Yann LeCun, qui a littéralement ressuscité le domaine des réseaux de neurones. Depuis ce temps, c'est un domaine ou bouillonnent constamment de nouvelles théories, de nouvelles structures et de nouveaux algorithmes [Parizeau, 2004].

2.5. Le perceptron multicouche (PMC)

2.5.1. Description d'un neurone formel

Un neurone formel ou artificiel est un opérateur mathématique très simple. Un neurone possède des entrées qui peuvent être les sorties d'autres neurones, ou des entrées de signaux extérieures, et une sortie. La valeur de la sortie résulte du calcul de la somme des entrées, pondérées par des coefficients (dits poids de connexions ou poids synaptiques) et du calcul d'une fonction non linéaire (dite fonction d'activation) de cette somme pondérée.

L'état du neurone, appelé aussi activité, est définie comme la somme pondérée de ses entrées. Son schéma de fonctionnement est donné en (Figure 2.1). L'information est ainsi transmise de manière unidirectionnelle. Un neurone se caractérise par trois concepts : son état, ses connexions avec d'autres neurones et sa fonction d'activation [Rezaul, 2006].

Nous utiliserons par la suite les notations suivantes :

- S_i: l'état du neurone i.

- f_i: la fonction d'activation associée au neurone i.

- W_{ij} : le poids de la connexion entre les neurones j et i.

- W_{i0} : le poids de la connexion entre le neurone biais (+1) et les neurones i.

Ainsi, le neurone i recevant les informations de p neurones effectue l'opération suivante :

$$S_i = f_i \frac{\left(\sum_{j=1}^{p} W_{ij} S_j - W_{i0}\right)}{x} \qquad [1]$$

33

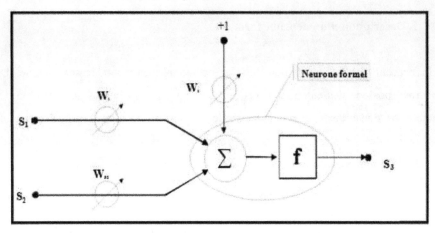

Figure 2.1 : schéma de fonctionnement d'un neurone formel.

Pour le PMC, on utilise le plus souvent les fonctions d'activations suivantes :

La fonction identité : f (x) = x   [2]

Les neurones dont la fonction d'activation est la fonction linéaire sont appelés neurones linéaires

La fonction sigmoïde : $f(x) = \frac{exp(x) - 1}{exp(x) + 1} = tanh(\frac{x}{2})$ [3]

C'est la plus utilisée car elle introduit la non linéarité, mais c'est aussi une fonction continue, différentiable et bornée. La fonction sigmoïde a des asymptotes horizontales en -∞ et en +∞.

Elles permettent d'éviter que ne se propagent des valeurs trop grandes dans le réseau (Figure **2.2).**

La fonction d'activation peut également être une gaussienne, un échelon, etc.

L'utilisation des fonctions d'activation non linéaires permet l'obtention de modèles statistiques non linéaires. Les réseaux multicouches qui utilisent comme fonction d'activation les sigmoïdes, sont appelés réseaux multicouches quasi linéaires.

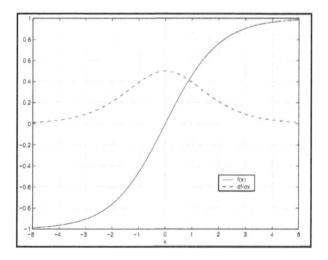

Figure 2.2 : fonction de transfert sigmoïde et sa dérivée première.

2.5.2. Architecture des PMC

Le PMC a une structure bien particulière : Ses neurones sont organisés en couches successives comme présenté sur la (Figure 2.3). Chaque neurone d'une couche reçoit des signaux de la couche précédente et transmet le résultat à la suivante, si elle existe.

Les neurones d'une même couche ne sont pas interconnectés. Un neurone ne peut donc envoyer son résultat qu'à un neurone situé dans une couche postérieure à la sienne.

L'orientation du réseau est fixée par le sens, unique, de propagation de l'information, de la couche d'entrée vers la couche de sortie. Pour les réseaux considérés, les notions de couches d'entrée et de sortie sont donc systématiques. Ces dernières constituent l'interface du réseau avec l'extérieur. La couche d'entrée reçoit les signaux (ou variables) d'entrée et la couche de sortie fournit les résultats. Enfin, les neurones des autres couches (couches cachées) n'ont aucun lien avec l'extérieur et sont appelés neurones cachés.

Par convention, les neurones d'entrée ont toujours une fonction d'activation (identité), laissant passer l'information sans la modifier. En ce qui concerne le neurone de sortie, on peut lui associer une fonction d'activation linéaire ou non, dérivable ou non, suivant la nature du problème à résoudre.

Le perceptron multicouches décrit dans (Figure 2.3) comporte p unités en entrée, recevant respectivement p variables $\{X1, X2,..., Xp\}$, et une seule unité de sortie, qui produit la variable Y.

Ce modèle réalise une application de Rp dans R □.

L'architecture du réseau déterminée par le schéma de connexion des neurones, fige ainsi une composition de fonction élémentaire et représente une famille

36

G(.W) de fonctions non linéaires et dont les paramètres sont les poids de connexions du réseau W.

Couche d'entrée   Couche cachée   Couche de sortie

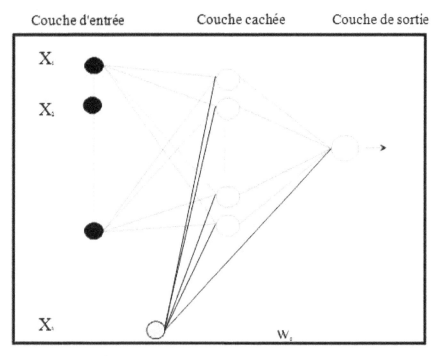

Figure 2.3 : architecture d'un PMC à une couche cachée (n neurones cachés sigmoïdes) avec p neurones d'entrée et (q=1) neurone de sortie linéaire.

La sortie du réseau aura une expression de la forme suivante dépendant du nombre de couches le composant :

$$Y = \sum_{i=1}^{n} W_i . f_i \left(\sum_{j=1}^{p} W_{ij} . X_j + X_{i0} \right) + W_0$$

[4]

2.5.3. Approximation de fonction

La détermination d'une fonction neuronale à partir d'observations se ramène au problème classique de la détermination des paramètres du modèle (les poids de connexions) par régression au sens des moindres carrés. Pour construire cette fonction, deux choses sont indispensables : un ensemble de fonctions candidates (définie par l'architecture du réseau), parmi lesquelles on va rechercher celle qui nous intéresse, et un critère d'apprentissage permettant d'en choisir une. Le but de l'apprentissage est donc de déterminer un modèle qui va généraliser un processus décrit par un nombre fini N de comportements qui composent l'ensemble d'apprentissage.

2.5.4. Apprentissage

Approximer une fonction T de $\mathcal{R}p$ dans $\mathcal{R}q$ à l'aide d'un PMC revient à utiliser une fonction g choisie au sein d'une famille G (. W) associée à une architecture de réseau dont les couches d'entrée et de sortie comportent respectivement p et q neurones :

$$A \in \mathcal{R}^p \to B \in \mathcal{R}^q$$

$$\vec{x} \to \vec{y} - G(\vec{x}, W) \qquad [5]$$

La famille G (. W) est donc un système paramétré qui associe un espace de $B \in \mathcal{R}^q$ sortie $A \in \mathcal{R}^p$ à un espace d'entrée Approximer T à partir de $G(., W)$
revient ainsi à rechercher la fonction g $\in$ G(., W) telle que :

$$g(\vec{x}) - G(\vec{x}, W^*) \approx T(\vec{x}) \qquad \forall \vec{x} \in A \qquad [6]$$

Où W représente l'ensemble des poids du réseau.

Le nombre de couches cachées et le nombre de neurones des couches cachées sont à déterminer de manière optimale suivant la difficulté de la fonction à approximer et l'ensemble d'apprentissage dont on dispose. Le choix de l'architecture du réseau définit de façon implicite la famille de fonction G (. W).

L'étape suivante est la détermination des poids optimaux W* et donc de la fonction g dans G (. W) qui approche au mieux la fonction T étudiée.

Ces poids sont déterminés par un algorithme dit d'apprentissage qui correspond à la phase d'estimation des paramètres du modèle.

Cette détermination se fait à partir de N exemples $(\overline{(x_k}, \vec{y}_k), k = 1, N)$ qui décrivent la fonction recherchée.

La fonction obtenue $\boxed{g(\vec{x})}$ en fin d'apprentissage est continue, elle permet donc d'interpoler la fonction entre N points utilisés durant l'apprentissage.

L'algorithme d'adaptation des poids est connu sous le nom d'algorithme de rétropropagation du gradient. La précision de l'approximation va dépendre de l'ensemble d'apprentissage et donc de la manière dont le problème est décrit par les données.

2.5.5. Approche statistique de l'apprentissage

L'estimation des poids du réseau implique la minimisation aux moindres carrés de l'erreur (une fonction coût) définie sur la base d'apprentissage. Cette erreur est donnée par :

$$E(W) = \sum_{k=1}^{N} \left[G(\vec{x}_k, W) - y_k \right]^2$$

[7]

En supposant, pour simplifier l'écriture, que l'espace de sortie est de dimension q =1. Supposons maintenant que la base d'apprentissage est composée d'une infinité d'exemples

(N→∞), la somme finie est remplacée par une intégrale sur la densité de probabilité jointe

p (y, $\vec{x}$)   :

$$E(W) = \iint \left[G(\vec{x}, W) - y \right]^2 p(y, \vec{x}) dy d\vec{x}$$

[8]

Minimiser l'erreur revient à différentier l'équation précédente par rapport à G($\vec{x}$,W) :

$$\frac{\delta E}{\delta G(\vec{x}, W)} = 0 \quad \forall \vec{x}$$

[9]

En substituant en utilisant la règle de Bayes, on obtient l'expression suivante

$$G(\vec{x}, W^*) - \int y p(y|\vec{x}) \, dy = E(y|\vec{x})$$

[10]

Où W* représente les poids optimaux après apprentissage $E(y|\vec{x})$ est l'espérance Mathématique de y sachant $\vec{x}$, définie comme la moyenne conditionnelle de y, conditionnée par $\vec{x}$

40

Dans le cas pratique, où la base d'apprentissage est de dimension finie, on montre de façon similaire que minimiser l'équation [7] conduit à l'obtention d'une bonne estimation de

$E(y|\vec{x})$.

La sortie du MLP est alors telle que :

$$\mathbf{g(\vec{x})} \equiv \mathbf{G(\vec{x}, W^{*})} \approx \mathbf{E(y|\vec{x})} \qquad\qquad [11]$$

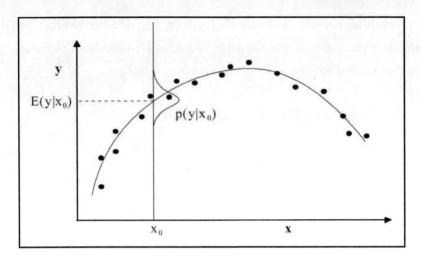

Figure 2.4 : illustration d'un ensemble d'apprentissage (représenté par les points) composé de couples de valeurs (x, y), où x représente la variable d'entrée et y la variable de sortie. La fonction optimale au sens des moindres carrés (G(x, W*)) est représentée en trait plein, elle est donnée par la moyenne conditionnelle de la variable de sortie. Pour une valeur donnée de x, tel que la valeur x0, la fonction G(x0, W*) est donnée par la moyenne de y relative à la densité de probabilité p(y|x0).

L'apprentissage d'un PMC par la méthode des moindres carrées permet l'approximation de deux paramètres statistiques :

la moyenne conditionnelle, fonction de l'entrée x, donnée par $\boxed{G(\vec{x}, W^*)}$

la variance moyenne autour de cette moyenne conditionnelle, donnée par le résidu de la fonction erreur.

Connaissant ces deux paramètres statistiques, on peut représenter la distribution de la probabilité conditionnelle des sorties par une fonction gaussienne de centre $G(\vec{x}, W^\cdot)$ et de variance globale σ déterminée par le résidu de l'erreur (Figure 2.4).

2.5.6. Principe de la rétropropagation du gradient

Lorsque que la fonction g est non linéaire, la minimisation de la fonction coût fait appel à des algorithmes itératifs basés sur un calcul du gradient. Un algorithme très simple et devenu célèbre, la rétropropagation du gradient, à été proposé par Rumelhart et al en1986 et LeCun en1985.

Cette algorithme est présenté dans la plupart des livres et thèses consacrés aux réseaux de neurones, il est basé sur l'idée suivante : au départ, les poids {Wij} sont initialisés à des valeurs aléatoires.

Le but de la méthode d'apprentissage est de les faire évoluer de façon à ce que le Réseau soit capable, étant donné un vecteur d'entrée, de calculer le bon vecteur de sortie.

L'algorithme de rétropropagation du gradient est un algorithme itératif, les poids sont modifiés à chaque étape selon la règle suivante :

$$W_{ij(t)} = W_{ij(t-1)} + \Delta W_{ij(t)} \qquad [12]$$

Les poids à l'itération t correspondent aux poids à l'itération t-1 plus une correction dépendant du signal d'erreur.

Définissons la fonction de coût suivante (algorithme stochastique) :

$$E_n(W) = \sum_{k=1}^{N} E_N^k(W) \qquad [13]$$

2.5.7. Des approximateurs universels

Vingt ans après la publication de l'ouvrage où Minsky et Papert en1969 exposaient les limitations de Perceptron simple, Cybenko et al en1989 et Hornik en1989 établissent les réseaux de neurones comme une classe d'approximateurs universels. Il a été ainsi démontré qu'un perceptron multicouches avec une seule couche cachée pourvue d'un nombre suffisant de neurones, peut approximer n'importe quelle fonction avec la précision souhaitée.

Néanmoins, cette propriété ne permet pas de choisir, pour un type de fonction donné, le nombre de neurones optimal dans la couche cachée. Autrement dit ce résultat ne mène pas vers une technique de construction d'architecture.

2.5.8. La base d'apprentissage

La base d'apprentissage est une base de données contenant des couples d'entrées- sorties servant à déterminer les valeurs des paramètres d'un réseau de neurones lors de la phase d'apprentissage supervisé.

Le PMC est un interpolateur imparfait des observations contenues dans cette base, puisqu'il commet une erreur aux points d'observations. Or, la base d'exemples n'échantillonne jamais l'espace des données de manière parfaite.

Il est souhaitable, pour bien contraindre un PMC, que le nombre de contraintes (nombre d'exemples dans la base d'apprentissage) imposées soit très supérieur au nombre de degrés de liberté du réseau (nombre de poids).

Le nombre minimum souhaitable d'exemples est lié à la complexité de la fonction à simuler et à l'architecture du réseau choisie. En effet, un bon estimateur g est caractérisé par une bonne précision, c'est-à-dire un faible biais et une bonne stabilité, c'est-à-dire une variance faible. Or, ces deux objectifs sont contradictoires (Figure 2.5).

Geman et al en 1992 ont développé l'idée suivante : pour un problème donné et des échantillons de taille fixe, un réseau sous-dimensionné aura un biais important et un terme de variance faible. En revanche, un réseau surdimensionné possédera un grand nombre de degrés de liberté et l'optimisation conduira à des solutions pouvant être très différentes, ce qui correspond à une composante de variance importante.

L'idée est donc que le biais diminue et que la variance augmente lorsque la taille du réseau augmente.

Il y aurait donc une zone de bon compromis correspondant à une bonne taille du réseau pour le problème traité et le nombre d'exemples d'apprentissage.

Il est généralement bien accepté qu'il soit nécessaire de disposer d'un échantillon de taille N qui soit au minimum de l'ordre de dix fois le nombre de paramètres à déterminer (les poids).

Derrière ces considérations générales, se dissimule l'irrégularité fréquente de l'échantillonnage : plus dense dans certaines régions de l'espace des données que dans d'autres. La méthode d'échantillonnage apparaît primordiale.

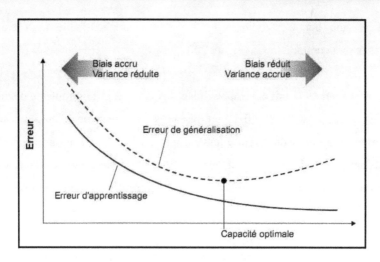

Figure 2.5 : capacité du modèle des réseaux de neurones.

2.5.9. La base de test

Du fait des capacités d'approximation universelle des modèles neuronaux, l'apprentissage peut mener à un sur-ajustement de la fonction, on parle aussi de sur- apprentissage (Figure 2.5).On observe ce genre de problème lorsque l'on utilise un modèle comportant un grand nombre de paramètres pour modéliser une fonction de trop faible complexité. Pour mettre en évidence ce problème on utilise une base de test, autre échantillonnage de l'espace des données. Lors de l'étape d'estimation des paramètres, le phénomène de sur- apprentissage ce traduit par une croissance de l'erreur sur les données de la base de test. Au final, le réseau sélectionné est alors celui qui minimise l'erreur commise sur la base de test.

2.6. Conclusion

Plusieurs méthodes sont utilisées pour étudier les performances des systèmes d'aide à la décision en cardiologie.

Nous avons utilisé dans ce travail les réseaux de neurones artificiels qui prouvent leur efficacité dans le domaine médical.

Dans ce chapitre, nous avons détaillé les réseaux de neurones en particulier le perceptron multi-couches, qui permet de calculer des fonctions vectorielles, adaptables à un ensemble d'exemples par le biais d'algorithmes d'optimisation utilisant la technique de la rétro-propagation.

Dans le chapitre suivant, nous allons parler des chaines de Markov afin de les comparer avec le perceptron multi-couches.

Chapitre 3

Les Chaînes de Markov Cachées

3.1. Présentation

Ce chapitre nous détaille les chaînes de Markov cachées, dont le but est d'étudier leur fonctionnement et utilité dans la classification des arythmies cardiaques.

3.2. Introduction

Un processus de Markov à temps discret est une séquence de variables aléatoires à valeurs dans l'espace des états. La valeur de la variable est l'état du processus à l'instant n. Les applications où l'espace d'états est fini ou dénombrable : on parle alors de chaîne de Markov à espace d'états discret.

Une chaîne de Markov est de manière générale un processus de Markov à temps discret et à espace d'états discret. En mathématiques, un processus de Markov est un processus stochastique possédant la propriété de Markov : de manière simplifiée, la prédiction du futur, sachant le présent, n'est pas rendue plus précise par des éléments d'information supplémentaires concernant le passé.

Les processus de Markov portent le nom de leur découvreur Andreï Markov qui a publié les premiers résultats sur les chaînes de Markov à espace d'états fini en 1906. Une généralisation à un espace d'états infini dénombrable a été publiée par Kolmogorov en 1936.

48

3.3. Le modèle de production des données :

Une chaîne de Markov cachée est un automate à M états : 1, . . . , m, . . . , M. Nous noterons st l'état de l'automate à l'instant t.

La probabilité de transition d'un état m à un état m'est donnée, nous l'appellerons **a(m, m'), a(m, m') = p(st = m' /st -1 = m).**   [1]

On a

$$\sum_{m'=1}^{M} a(m,m') = 1$$

[2]

On se donne aussi d(m) la probabilité que l'automate soit dans l'état m à l'instant initial : **d(m) = p(s0 = m).**   [3]

On a

$$\left| \sum_{m=1}^{M} d(m) \right| = 1$$

[4]

Lorsque l'automate passe dans l'état m il émet une donnée yt qui peut prendre N valeurs : **1, . . . , n, . . . , N.**

La probabilité pour que l'automate émette un signal n lorsqu'il est dans l'état m sera notée b(m, n) :   **b(m, n) = p(yt= n/st = m).**   [5]

On a

$$\left| \sum_{n=1}^{N} b(m,n) \right| = 1$$

[6]

L'adjectif caché employé pour caractériser le modèle traduit le fait que l'émission d'une donnée à partir d'un état est aléatoire.

La propriété importante des processus markoviens est que l'évolution de l'automate après l'instant t ne dépend que de la valeur de l'état où il se trouve à cet instant et des commandes qui lui sont appliquées ensuite, et non de ce qu'il a subi avant d'arriver à cet état [Le Roux, 2003].

En particulier le futur ne dépend que de la façon dont l'automate s'est retrouvé dans l'état en question.

Les M états et les N valeurs possibles des mesures ainsi que les probabilités a(m', m), b(m, n) et d(m) caractérisent le modèle (Figure 3.1).

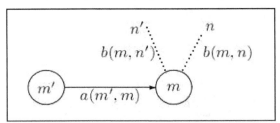

Figure 3.1: probabilité de transition et d'émission d'une donnée dans le modèle de Markov caché.

Nous sommes amenés à traiter trois problèmes

3.3.1. Reconnaissance

On a observé $Y = [y0, \ldots, yt, \ldots, yT\ ]$. Sachant le modèle hmm $[a(m, m'), b(m, n), d(m)]$ est donné.

Quelle est la séquence d'état $S = [s0, \ldots, sT]$ la plus probable qui a engendré $[y0\ , \ldots, yt, \ldots, yT\ ]$?

3.3.2. Probabilité d'observation d'une séquence

On a observé une séquence de mesures $Y = [y0\ , \ldots, yt\ , \ldots, yT\ ]$.

Quelle est la probabilité pour que l'automate caractérisé par les paramètres $[a(m,m'), b(m, n), d(m)]$ ait engendré cette séquence ?

3.3.3.

Apprentissage

On a observé $[y_0, \ldots, y_t, \ldots, y_T]$. Comment calculer (ou plutôt actualiser les paramètres du modèle $[a(m, m'), b(m, n), d(m)]$ pour maximiser la probabilité d'observer $[y_0, \ldots, y_t, \ldots, y_T]$?

Nous commencerons par traiter le problème de la reconnaissance pour donner ensuite les formules donnant la probabilité d'observation d'une séquence. Puis ces formules seront utilisées pour répondre à la troisième question, l'apprentissage.

3.4. Algorithme de Viterbi pour la reconnaissance d'une séquence

Cet algorithme a pour but de trouver la séquence d'états la plus probable ayant produit la séquence mesurée $[y_0, \ldots, y_T]$.

A l'instant (t) on calcule par récurrence pour chacun des états

$r_t(m) = \max p(s_0, \ldots, s_{t-1}, s_t = m, y_0, \ldots, y_t)$. [7]

Le maximum étant calculé sur toutes les séquences d'états possibles $[s_0, \ldots, s_{t-1}]$

• Initialisation :

A l'instant $t = 0$ $r_0(m) = d(m)b(m, y_0)$. [8]

• Récurrence :

On suppose qu'à l'instant $(t - 1)$ on a calculé $r_{t-1}(m)$ pour chacun des M états. On a alors : $r_t(m') = \max r_{t-1}(m)a(m, m')b(m', y_t)$.   [9]

52

L'état m le plus probable occupé à l'instant t-1 à partir duquel l'automate a évolué vers l'état m'à l'instant t est l'état tel que rt - 1 (m)a(m, m')b(m' , yt) est maximum.

Pour chacun des états m', on calcule ainsi rt   (m'), chacun de ces états a un prédécesseur qt(m').

Ce prédécesseur pourra servir à retrouver la séquence d'état la plus p robable ayant engendré les mesures [y0 , . . . , yT].

• **Fin de l'algorithme :**

L'état fT   retenu à l'instant T est celui pour lequel rT   (m) est maximum. La probabilité pour la séquence mesurée ait été émise par l'automate est rT   (m).

On peut retrouver la séquence des états en retrouvant le prédécesseur de fT (Figure 3.2).

$$\mathbf{fT \ -1 = qT \ -1 \ (fT \ )} \qquad [10]$$

Et récursivement

$$\mathbf{fT \ -2 = qT \ -2 \ (fT \ - 1 \ ), fT \ -3 = qT \ -3 \ (fT \ - 2 \ ),} \quad [11]$$

$$\mathbf{f1 = q1 \ (f2 \ ), \qquad f0 = q0 \ (f1 \ ).}$$

53

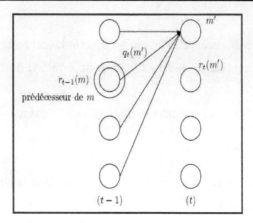

Figure 3.2: sélection d'un chemin dans le treillis entre les instants t-1 et t.

On peut ainsi calculer pour chacun des modèles de Markov représentant par exemple un mot du vocabulaire à reconnaître, la probabilité que la séquence mesurée étudiée ait été engendrée par cet automate puis comparer les résultats.

3.5. Probabilité d'observation d'une séquence

La probabilité qu'une séquence d'états S = [s0, . . . , st , . . . , sT] ait engendré Y

s'obtient en utilisant la propriété des sources markoviennes

$$p(Y/S) = p([y0 , . . . , yT]/[s0 , . . . , sT]). \quad [12]$$

$$= \prod_{t=0}^{T} p(\frac{yt}{st})| \qquad\qquad [13]$$

54

$$p\left(\frac{Y}{S}\right) = \prod_{t=0}^{T} b(st, yt)$$

[14]

Par ailleurs

$$p(S) = p(S_0, \dots, S_T) = d(S_0) \prod_{t=0}^{T-1} a(S_{t-t}, S_t)$$

[15]

Par conséquent

$$p(Y, S) = d(S_0) b(S_0, y_0) \prod_{t=0}^{T-1} a(S_{t-t}, S_t) b(S_t, y_t)$$

[16]

Et la probabilité d'avoir émis la séquence Y est donnée par la sommation sur toutes
les MT séquences S possibles

$$p(Y) = \sum_{s} d(S_0) b(S_0, y_0) \prod_{t=0}^{T-1} a(S_{t-t}, S_t) b(S_t, y_t)$$

[17]

Calcul à t croissant

On définit :

$$a_t(m) = p(s_t = m, [y_0, \dots, y_t].$$ [18]

$$a_0(m) = d(m,)b(m, y_0).$$ [19]

Compte tenu des propriétés des processus markoviens, on peut écrire

$$\alpha_{t+1}(m) = \sum_{m'=1}^{M} \alpha_t(m')a(m',m)b(m,y_{t+1})$$

[20]

On peut alors écrire $p(y_0, \ldots, y_T)$ en fonction de $\alpha_T(m)$

$$P(Y) = \sum_m \alpha_T(m)$$

[21]

• *Calcul à t décroissant*

De même, on peut calculer une récurrence dans le sens rétrograde (temps décroissant)

Sur
es

$$\beta m = p(y_{t+1}, \ldots, y_T / s_t = m).$$

[22]

Avec comme condition initiale

$$\beta_T(m) = 1.$$

[23]

Cette récurrence s'écrit

$$\beta_t(m) = \sum_{m''} a(m,m'')b(m'',y_{t+1})\beta_{t+1}(m'')$$

[24]

• *Probabilité de passage dans un état*

Soit

$$\lambda_t \ (m) = p(s_t = m, [y_0, \ldots, y_T]), \qquad\qquad [25]$$

$$\lambda_t \ (m) = p(s_t = m/[y_0, \ldots, y_T]) \times p([y_0, \ldots,$$
$$y_T]). \qquad\qquad\qquad\qquad [26]$$

On peut montrer que

$$\lambda t \ (m) = \frac{\alpha_t(m)\beta_t(m)}{\sum_{m'} \alpha_t(m')\beta_t(m')} \qquad\qquad [27]$$

L'état le plus probable à l'instant t est l'état $s_t = m$ *tel que* λ_t *(m) est maximum.*

a(m', m) b(m', n) apparaissant dans les formules sont remplacés par des facteurs du type σ_t (m', m).

3.6. Baum-Welch pour la réestimation des paramètres d'un modèle en phase d'apprentissage

On définit

$$\sigma_t \ (m', m) = p(s_{t\text{-}1} = m', s_t = m, [y_0, \ldots, y_T]) \qquad [28]$$

Et on peut montrer que

$$\sigma_t(m', m) = \frac{\alpha_{t-1}(m')a(m',m)b(m,y_t)\beta_t(m)}{\sum_{m1=1}^{M} \ \sum_{m2=1}^{M} \sigma_{t-1}(m_1)a(m_1,m_2)b(m_2,y_t)\beta_t(m_2)} \qquad [29]$$

$$|\lambda_t(m) = \ p(s_t = m, [y_0, \ldots. y_T])| \qquad\qquad [30]$$

$$\lambda_t(m) = \sum_{m'=1}^{M} \sigma_t(m', m) \qquad\qquad [31]$$

57

Ré estimation des paramètres [a(m', m), b(m, n), d(m)]

Nombre moyen de débuts de la séquence dans l'état m :

$$\overline{\hat{d}(m)} = \lambda_0(m)$$ [32]

â(m, m') est le rapport entre le nombre moyen de transitions de m vers m', et le nombre de passage dans l'état m,

$$\hat{a}(m, m') = \frac{\sum_{t=0}^{T-1} \sigma_t(m, m')}{\sum_{t=0}^{T-1} \lambda_t(m)}$$ [33]

b(m, n) est le rapport entre le nombre moyen de fois où on observe n dans l'état m et

du nombre de fois où l'automate s'est trouvé dans l'état m.

$$\hat{b}(m, n) = \frac{\sum_{t=0}^{T-1} \lambda_t(m) \delta\ (y_t - n)}{\sum_{t=0}^{T-1} \lambda_t(m)}$$ [34]

Dans la sommation du numérateur, $\delta(y_t - n)$ vaut un lorsque $y_t = n$ et zéro dans le cas contraire.

3.7. Conclusion

Pour mieux valoriser notre travaille, Nous avons utilisé une autre technique appelée chaine de Markov cachée, afin d'étudier son impacte dans le domaine de la cardiologie, et comparer les résultats obtenus avec les réseaux de neurones artificiels.

Une chaine de Markov est un Processus de génération d'une séquence dans lequel on tient compte des symboles précédents pour émettre l'état courant.

La définition du modèle initial résulte d'un Compromis entre la résolution temporelle du processus de reconnaissance et de la qualité d'apprentissage des densités de probabilités.

Dans le chapitre suivant nous allons implémenter un classifieur des pathologies cardiaques en se basant sur le modèle des chaines de Markov cachées.

Chapitre 4

Résultats Et Interprétations

4.1. Présentation

Dans ce chapitre, nous utilisons l'application (Hmmclass) comme plateforme de travail.

Nous allons mener plusieurs expérimentations afin de choisir les paramètres pertinents dans la classification des pathologies ciblées (le cas Normal, extrasystole Ventriculaire, Auriculaire et Jonctionnelle).

Nous commençons par le choix des variables caractéristiques d'un battement cardiaque en utilisant des approches géométriques ensuite après avoir constitué le vecteur d'entrée nous allons tester deux méthodes de classification, qui sont les réseaux de neurones et les chaînes de Markov cachées. Nous terminons notre chapitre par une analyse comparative des performances de chaque classifieur (taux de classification) avec discussions.

4.2. Préparation de la base de données

4.2.1. Présentation de la base de données

4.2.1.1. Historique

Depuis 1975, les laboratoires de l'hôpital de Beth Israël à Boston et MIT ont réalisé une base de données MIT/BIH, qui a commencé à être distribuée en 1980. Cette base de données contient 48 enregistrements extraits d'une demi-heure des enregistrements ambulatoires à deux voies d'ECG, obtenus à partir de 47 sujets

60

étudiés par le laboratoire d'arythmie de BIH entre 1975 et 1979. 23 enregistrements ont été choisis au hasard d'un ensemble de 4000 enregistrements ambulatoires de 24 heures d'ECG rassemblés d'une population mélangée des patients hospitalisés (60 %) et des patients non hospitalisés (40 %) à l'hôpital de Beth Israël à Boston, les 25 enregistrements restants ont été choisis parmi les enregistrements qui, en considération des arythmies rarement observés, ont une signification cliniques.

Les enregistrements ont été échantillonnés à une fréquence fe = 360 Hz avec une résolution de 11 bits sur une gamme de 10mV. Deux cardiologues ou plus ont indépendamment annoté chaque enregistrement, environ 110.000 annotations ont été inclus avec la base de données.

4.2.1.2. Description de la base de données

	Nombre Des	Nombre Des	Nombre Des	Nombre Des
200	100	100	0	0
234	100	0	0	50
114	0	0	10	0
232	0	0	100	0

Tableau 4.1 : les 460 battements cardiaques de notre base de données.

Afin de construire une base de données, nous avons utilisé la base données MIT-BIH comme base de données brute, et la base de données LTSI (Laboratoire de traitement de signal et image) de Reine, caractérisée par l'algorithme Tompkins (algorithme pour la détection des différentes ondes du signal ECG).

Sachant que notre base de données est annotée, donc on a conçu une matrice qui contient plusieurs battements depuis des enregistrements bien choisis afin d'avoir le maximum d'exemple pour chaque classe (Tableau 4.1).

4.2.1.3: Caractérisation du signal ECG

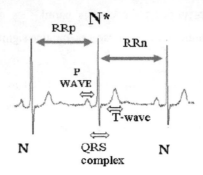

Figure 4.1 : différentes ondes du signal électrocardiogramme (ECG).

Paramètres	Définition
RRo	depuis le pique R précédent et le pique R présent
RRs	depuis le pique R présent et le pique R suivant.
QRS	représente la largeur du complexe QRS
PP	depuis S jusqu'à R
E	l'énergie du signal ECG

Tableau 4.2 : signification des paramètres contenus dans la base de données.

Remarque :

À partir des deux paramètres RRo et RRs, on peut calculer leur rapport qui est un paramètre pertinent dans certaines pathologies.

4.2.1.4. Analyse des variables d'entrée

La caractérisation du battement cardiaque par des descripteurs pertinents est indispensable lors de la conception et l'implémentation de tout modèle de reconnaissance d'une anomalie cardiaque. Il convient de remarquer que de nombreuses approches citées dans la littérature ont porté sur la difficulté que représentent la mesure et le choix des paramètres pertinents du signal ECG et leur classification.

On peut citer les travaux menés par plusieurs chercheurs, pour la réduction du complexe QRS pour chaque battement cardiaque. Acharya et al. [Acharya 2004] ont utilisé l'entropie spectrale, les déviations standards et la mesure de l'exposant de Lyapunov de la variation rythmique, pour la classification neuronale des arythmies cardiaques. Zhou [Zhou,2003] a appliqué la méthode de l'ACP pour réduire la taille du complexe QRS. Le vecteur réduit est présenté ensuite à l'entrée d'un réseau neuronal, pour la détection du battement ventriculaire prématuré. Lagerholm et Person ont Caractérisé chaque cycle cardiaque par son intervalle RR et les coefficients résultant de la décomposition du complexe QRS en fonctions d'Hermite de base.

Ces paramètres ont été utilisés pour séparer entre les arythmies disponibles dans la base de données MIT-BIH, en utilisant une carte de Kohonen.

Krishna et Sohambi [Krishna 2003] ont employé un perceptron multicouche pour identifier les battements ectopiques, avec un vecteur d'entrée composé des coefficients d'ondelettes et le rythme RR.

Minami et al [Minami 1999] ont calculé le spectre de chaque complexe QRS pour la reconnaissance des tachycardies ventriculaires via un réseau de neurones multicouches. Fredric et Soowhan [Fredric 1996] ont calculé deux coefficients par la méthode de la prédiction linéaire à chaque complexe QRS pour la classification des VEBs. Nichola et al. [Nicholas 2004] ont segmenté le signal ECG en un ensemble de valeurs caractéristiques, en utilisant les modèle de Markov, Dernièrement dans les travaux de Chikh, [Chikh 2003], [Chikh 2004a], [Chikh 2004b].

Comme nous l'avons déjà signalé au début de ce chapitre, le bon choix des paramètres du vecteur d'entrée au classifieur est très important. Pour cela nous procédons à une analyse géométrique des données (bidimensionnelle et tridimensionnelle) pour voir le degré d'appartenance de chaque paramètre par rapport aux différentes classes ciblées (N, V, A. J).

4.2.1.5. Exploration de la base de données

Nous allons effectuer deux expérimentations, en premier lieu nous allons faire une représentation bidimensionnelle et en second lieu une représentation tridimensionnelle pour les mêmes paramètres afin de les comparer.

a. Représentation bidimensionnelle

En premier lieu nous avons testé séparément les paramètres du vecteur d'entrée du classifieur (RRo, RRs, QRS,PP,E) voir (Tableau 4.2).

NB: 0 : c'est le cas Normal (N).

1 : c'est le cas extrasystole Ventriculaire (V).

2 : c'est le cas extrasystole Auriculaire (A).

3 : c'est le cas Jonctionnelle (J).

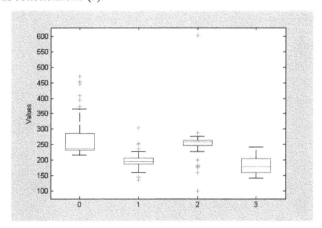

Figure 4.3 : distribution des données RRo en fonction de la classe.

Nous voyons clairement que la distribution varie de façon similaire (Figure 4.3) pour les quatre classes (N(0), V(1), A(2), J(3)), mais on remarque aussi qu'il ya une distinction entre la classe V(1) et A(2).

65

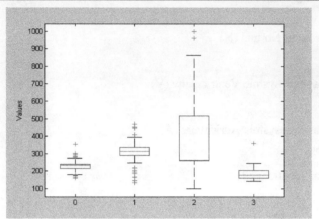

Figure 4.4: distribution des données RRs en fonction de la classe.

On peut distinguer la classe V(1) de la classe J(3) (Figure 4.4), par contre si on prend les quatre classes (N(0), V(1), A(2), J(3)) la distinction devient impossible et donc son effet est négligeable pour l'entrée du classifieur.

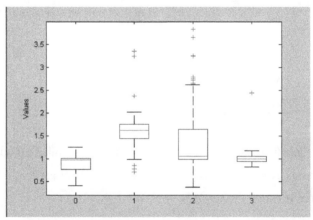

Figure 4.5 : distribution des données RRo/RRs en fonction de la classe.

Dans cette Figure (Figure 4.5), il y a une distinction entre la classe N(0) et V(1).

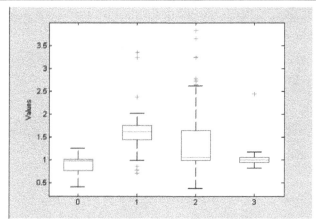

Figure 4.6 : distribution des données QRS en fonction de la classe.

On peut différencier la classe N(0) de la classe V(1) (Figure 4.6), ce qui est très logique du point de vue physiologique (dans le cas d'une extrasystole ventriculaire (V), ou l'onde QRS est large).

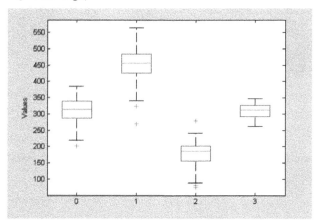

Figure 4.7 : distribution des données PP en fonction de la classe.

Les classes N(0) et V(1) ne sont pas différenciables (Figure 4.7).Les autres paramètres varient différemment d'une classe à une autre, ce qui peut être très utile

67

dans le renforcement des paramètres du classifieur. Notons qu'un paramètre seul ne peut pas être discriminant entre les différentes classes.

b. Représentation tridimensionnelle

Dans cette 2ième expérimentation, nous avons testé l'effet de deux paramètres ensemble sur les 4 classes ciblées.

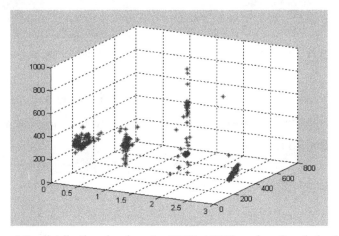

Figure 4.8 : distribution des données RRO et RRS en fonction de la classe.

Dans cette Figure (Figure 4.8), on a regroupé le paramètre RRO avec le paramètre RRS pour chaque classe et on a remarqué que les nuages de point des classes (N(0), V(1), J(3)) occupent la même région dans l'espace.

68

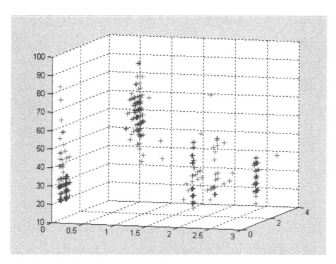

Figure 4.9 : distribution des données RRo et Rapport en fonction de la classe.

Dans la Figure (Figure 4.9), nous avons une représentation des deux paramètres RRo et

RRs similaire avec la Figure précédente (Figure 4.8), sauf que les nuages de point des trois classes (N(0), V(1), J(3)) sont moins denses.

69

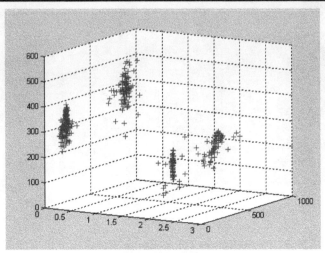

Figure 4.10 : distribution des données RRs et PP en fonction de la classe.

L'amélioration de la présentation des nuages de point s'aperçoit dans la Figure (Figure

4.10), puisque nous avons regroupé le rythme RRs avec l'énergie du complexe QRS, ce qui est logique d'un point de vue physiologique, parce que le paramètre QRS est un paramètre

discriminant dans le signal ECG, mais reste toujours une confusion entre les classes.

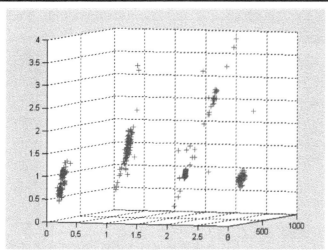

Figure 4.11 : distribution des données RRs et Rapport en fonction de la classe.

La Figure 4.11 nous montre le chevauchement des quatre classes (N(0), V(1), A(2), J(3)), ce qui veux dire que si on prend en considération que le rythme cardiaque cela serais insuffisant pour distinguer les quatre cas.

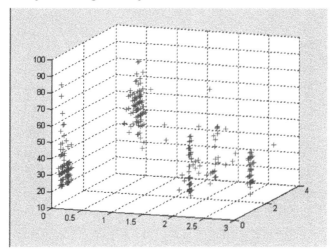

Figure 4.12 : distribution des données Rapport et QRS en fonction de la classe.

Pour les deux paramètres Rapport et QRS ensemble (Figure 4.12), la confusion reste remarquable entre les classes (N(0), A(2), J(3)).

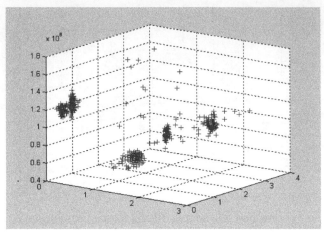

Figure 4.13 : distribution des données Rapport et E en fonction de la classe.

Pareil pour la Figure 4.13, ou on constate que Le Rapport et l'énergie du signal ECG ne peuvent pas séparer les classes Auriculaire et Jonctionnelle.

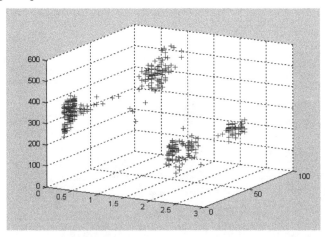

Figure 4.14 : distribution des données QRS et PP en fonction de la classe.

72

Les deux paramètres QRS et PP (Figure 4.14), donnent une meilleur représentation que les autres paramètres (Figure précédentes), mais reste toujours une région dans l'espace ou il y a une confusion entre les classes.

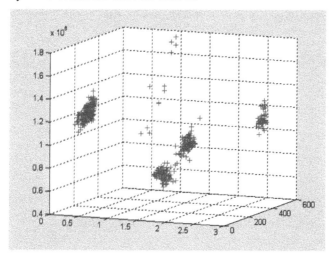

Figure 4.15 : distribution des données E et PP en fonction de la classe.

Dans cette Figure (Figure 4.15), nous avons l'énergie du signal avec le paramètre PP qui nous donnent une séparation entre le cas Ventriculaire et Auriculaire, et nous donnent également une confusion entre la classe Normale et Jonctionnelle.

Remarque

L'utilisation d'un seul paramètre au niveau des différentes classes qui a été évoqué dans la première expérimentation a donner un résultat peu satisfaisant, puisqu'il y a eu une confusion entre les classes, alors qu'en associant deux paramètres dans la deuxième expérimentation nous avons pu constater une meilleure visibilité des données dans chaque classe, mais reste toujours que les quarte classes ne sont pas vraiment séparables ,ce qui nous amène à déduire que plus on augmente le nombre de paramètres plus on aura une distinction entre les différentes pathologies.

73

4.2.3.5. Résultats et discussion

Les résultats présentés dans cette étude, pour la classification des signaux ECG ont été obtenus en appliquant à l'entrée du classificateur des signaux ECG de « LTSI » :

Notons que la phase d'apprentissage va s'arrêter sous l'une de ces conditions :

- L'erreur soit inférieur a 10-1.

- Le nombre d'itérations (6 epoch) maximum est atteint.

Notre système de classification nous a permet d'obtenir un taux de reconnaissance de 87 % en appliquant l'ensemble des signaux ECG de LTSI Database .

4.3. Classification par les chaînes de Markov cachées (HMM)

4.3.1. Codification de la base de données

Dans cette étape nous avons utilisé une codification floue (Fuzzification des entrées), afin de rendre les données quantitatives de la base de données manipulables par les algorithmes des chaines de Markov cachées (Baum-Welch, Forward).

Nous avons construit deux bases de données à partir de la base de données collectée depuis la base MIT-BIH et la base LTSI :

- une base (qui constitue les deux tiers de la base complète) pour l'apprentissage.
- une base (le tiers de la base complète) pour le test.

74

Après avoir divisé la base de donnée, on fuzzifie celle de l'apprentissage et on la partage en quatre sous bases suivant les classes pour les utiliser ultérieurement dans l'apprentissage des modèles HMM (hiden markov modèle).

4.3.2. Méthodologie d'un HMM

Un HMM est décrit par plusieurs étapes pour sa conception : l'évaluation, le décodage et l'apprentissage.

4.3.2.1. L'évaluation

L'évaluation réside dans le calcul de la probabilité des séquences d'observations dans un HMM P (O/λ).

Nous avons utilisé l'algorithme de Forward pour l'évaluation des matrices de transitions et d'émissions ainsi que le vecteur initial qui sont propre a chaque modèle du HMM, en effet nous avons créé quatre modèles pour les quatre classes associées aux quatre pathologies (Normale, Ventriculaire, Auriculaire et Jonctionnelle).

4.3.2.2. Décodage

Le décodage consiste a trouver la séquence d'états (estimation de la partie cachée) qui maximise la séquence d'observation, pour cela nous avons utilisé l'algorithme de Viterbi.

4.3.2.1. Apprentissage

Afin de maximiser la probabilité de générer une séquence d'observation à partir des données d'entrainement, nous avons utilisé l'algorithme de Forward Backward pour ajuster les paramètres des quatre modèles HMM (cité précédemment)

75

4.3.3. L'application des chaînes de Markov cachées

Nous avons développé une interface java (Figure 4.16) afin de pouvoir implémenter les différents algorithmes de la classification par les HMM qui sont (Forward, Baum-Welch).

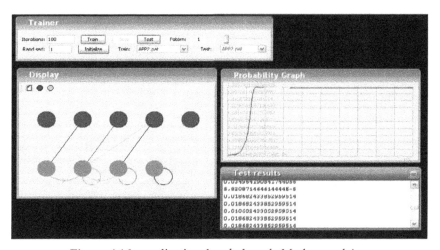

Figure 4.16 : application des chaînes de Markov cachées.

La fenêtre Display (Figure 4.17) nous permet de créer notre modèle HMM qui représente une certaine classe, afin de l'utiliser pour lancer l'apprentissage.

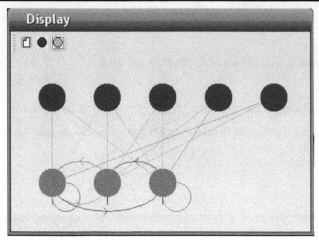

Figure 4.17 : la fenêtre Display de l'application.

On constate dans la Figure 4.17 deux suites d'états :

La première correspond à la suite d'état observable (les nœuds bleus) :
- Le premier nœud est le nœud Start qui est l'état initial de notre modèle
- Les nœuds 2, 3 et 4 correspondent aux valeurs des six paramètres (RRo, RRs, Rapport, QRS, PP, E) codifiés en Petit Grand et Moyen (Fuzzification en trois valeurs linguistiques), afin de converser les valeurs quantitatives de notre base données en un code manipulable par les algorithmes des chaines de Markov cachées que nous avons utilisé dans notre application.
- Le dernier nœud correspond a la classe de notre modèle c'est-à-dire, si il s'agit d'une classe Normale, Ventriculaire, Auriculaire ou bien Jonctionnelle.

La deuxième suite d'état correspond a l'état caché du modèle c'est-à-dire la ou intervient la notion d'HMM caché (les nœuds gris).

Au niveau de cette Figure (Figure 4.17), que l'étape du calcul des matrices initiales de notre modèle A0, B0, PI sera faite suivant l'algorithme d'évaluation, qui consiste a déterminer la probabilité P (O/ λ) Pour une séquence d'états S :

$$P(O|S,\lambda) = \prod_{t=1}^{T} P(o_t|s_t,\lambda) = \prod_{t=1}^{T} b_{s_t}(o_t)$$

S n'est cependant pas connu en pratique, mais on a des probabilités :

$$P(S|\lambda) = P(s_1) \prod_{t=2}^{T} P(s_t|s_{t-1},\lambda) = \pi_{s_1} \prod_{t=2}^{T} a_{s_{t-1},s_t}$$

Suivant les probabilités jointes nous avons :

$$P(O,S|\lambda) = P(O|S,\lambda)P(S|\lambda) = \pi_{s_1} b_{s_1}(o_1) \prod_{t=2}^{T} a_{s_{t-1},s_t} b_{s_t}(o_t)$$

Résolution de P (O/ λ) en sommant sur tous les S possibles

$$P(O|\lambda) = \sum_{\forall S} P(O,S|\lambda)$$

Donc pour calculer cette formule, il nous faut le calcul de la procédure avant (Forward).

4.3.3.1. La procédure avant (Forward)

Les variables avant $\alpha t(i)$ (Figure 4.18) nous donne la probabilité d'observer la

séquence partielle du début jusqu'au temps t, $\{O1,........., Ot\}$

$$\alpha_t(i) \equiv P(\{o_1,\ldots,o_t\}, s_t = S_i|\lambda)$$

La procédure pour calculer $\alpha t(i)$ est comme suit:

1- Initialisation

$$\alpha_1(i) = P(o_1|s_1 = S_i, \lambda)P(s_1 = S_i|\lambda) = \pi_i b_i(o_1)$$

2- Récursion

Pour chaque pas de temps t = 1,..., T -1, calculer les $\alpha t+1(j)$

$$\alpha_{t+1}(j) = P(\{o_1,\ldots,o_{t+1}\}, s_{t+1} = S_j|\lambda) = b_j(o_{t+1}) \sum_{i=1}^{N} \alpha_t(i) a_{i,j}$$

3-Terminaison

$$P(O|\lambda) = \sum_{i=1}^{N} P(O, s_T = S_i|\lambda) = \sum_{i=1}^{N} \alpha_T(i)$$

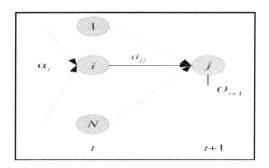

Figure 4.18 : Le principe du Forward.

Après avoir estimé les matrices initiales de nos modèles propre aux quatre classes (N,V,A,J) par la procédure du forward, nous allons ré estimé ces matrices par l'algorithme de l'apprentissage de baum_welch suivant la procédure forward-backward

4.3.3.2. La procédure de l'algorithme Forward-Backward de Baum-Welch

a- Forward (Procédure avant) (Défini en haut de ce chapitre).

b- Backward (Procédure arrière) :

$$\beta_t(i) = P(\{o_{t+1}, \ldots, o_T\}|s_t = S_i, \lambda)$$

b -1 : Initialisation

$$\beta_T(i) = 1$$

b -2 : Récursion

Pour chaque pas de temps t = T - 1, T - 2, ..., 1, il faut calculer les βt(i) :

$$\beta_t(i) = P(\{o_{t+1}, \ldots, o_T\}. s_t = S_i|\lambda) = \sum_{j=1}^{N} a_{i,j} b_j(o_{t+1}) \beta_{t+1}(j)$$

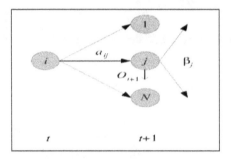

Figure 4.19 : Le principe du Backward.

Donc l'algorithme de Baum-Welch consiste a assembler les deux procédures (avant et arrière), en calculant les probabilités γt(i) et ξt(i,j) :

γt(i) :   qui est la probabilité dans l'état Si au temps t sachant la séquence d'observation O et le modèle λ.

αt(i) : explique la séquence du temps t dans l'état Si jusqu'au temps T.

81

βt(i) : explique la séquence du début jusqu'au temps t dans l'état Si.

αt(i) et βt(i) : explique la séquence a l'effet qu'au temps t, le système est dans l'état Si.

ξt(i,j) : probabilité d'être dans l'état Si au temps t et dans l'état Sj au temps t + 1 étant

donné la séquence d'observations O et le modèle λ .

$$\xi_t(i,j) = P(s_t = S_i, s_{t+1} = S_j | O, \lambda)$$
$$= \frac{\alpha_t(i)a_{i,j}b_j(o_{t+1})\beta_{t+1}(j)}{\sum_k \sum_l \alpha_t(k)a_{k,l}b_l(o_{t+1})\beta_{t+1}(l)}$$

$$\xi_t(i,j) = \frac{\alpha_t(i)a_{i,j}b_j(o_{t+1})\beta_{t+1}(j)}{\sum_k \sum_l \alpha_t(k)a_{k,l}b_l(o_{t+1})\beta_{t+1}(l)}$$

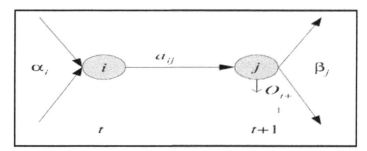

Figure 4.20 : la procédure Forward-Backward de Baum-Welch.

Au cours de l'apprentissage On remarque dans (Figure 4.21) la fenêtre de la somme des probabilités de la classe du modèle choisie, le graphe nous indique l'état de l'apprentissage durant toutes les épochs. En cas de sur-apprentissage, la courbe va redescendre au zéro.

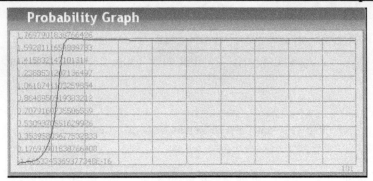

Figure 4.21 : la fenêtre Probability Graph après le lancement de l'apprentissage.

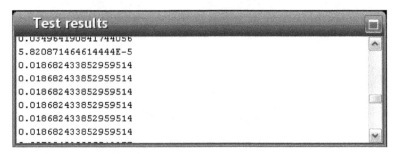

Figure 4.22 : La fenêtre Test Results contenant les probabilités de la classe.

C'est la fenêtre où on visualise les probabilités du test pour une classe donnée, Une fois qu'on a créé un modèle pour chaque classe on procède au test.

Cette étape se résume dans le chargement de la base de test et un simple clic sur le bouton Test, le programme vas projeter les patterns un par un sur chaque HMM (on a quatre, un pour chaque classe) et calcule la probabilité pour chaque modèle. Le pattern appartient à la classe du HMM qui a la plus grande probabilité.

4.3.3.3. Mesure de performances

Nous considérons les chaines de Markov comme un classifieur de pathologies cardiaques, et nous allons mesurer ses paramètres de performances.

83

a. Interprétation

Pour les HMM nous avons un taux de classification globale de 92.20 % avec les détailles concernant le taux de classification de chaque classe (N(0), V(1), A(2), J(3))
(Tableau 4.3).

Classe	Taux de classification
Normale	88%
Extrasystole Ventriculaire	100%
Extrasystole Auriculaire	98%
Extrasystole Jonctionnelle	100%

Tableau 4.3 : résultat de la classification par les HMM.

On remarque que notre classifieur a confondu entre la classe Normale et la classe Ventriculaire, ce qui est tout a fait normale car les deux classes sont similaires ,et même les cardiologues ont du mal a différencier les deux classes a travers l'ECG. C'est pour cela qu'on doit utiliser impérativement le segment PR associé aux six paramètres du vecteur d'entrée, mais il est indétectable (aucun algorithme n'est utilisé pour détecter l'onde P).

On revanche, On constate que notre classifieur nous a donné un taux de classification de 100% pour les deux classes (Ventriculaire et Jonctionnelle), ce qui est très intéressant du moment que dans notre étude nous nous somme intéressé aux

84

quatre pathologies, et en particulier à la pathologie Ventriculaire, puisque cette dernière provoque la mort subite, et on voit aussi l'attention des cardiologues envers cette pathologie.

Un taux de 100% pour la classe Ventriculaire, veut dire que nous n'avons aucune situation ou le classifieur rencontre un battement Ventriculaire et l'ignore, car le faite d'ignorer le cas Ventricualire ne peux être toléré.

4.4. Classification par les réseaux de neurones artificiels

Pour les mêmes bases de données utilisées par les chaînes de Markov cachées, nous allons faire la classification par les réseaux de neurones afin de comparer le classifieur des chaînes de Markov avec celui des réseaux de neurones.

Pour se faire il est question dans un premier temps de définir les paramètres du réseau de neurones, à savoir :

- Le nombre de couches et le nombre de neurones pour chaque couche.
- L'erreur atteinte.
- Le nombre d'itération.

Ces paramètres permettent d'avoir les meilleures performances du réseau. Nous discutons dans cette section sur la méthode d'apprentissage, la programmation et le dimensionnement du réseau.

4.4.1. Apprentissage

L'apprentissage vise à découvrir les relations et motifs cachées dans des collections des données brutes. Un système d'apprentissage prend en entrée un ensemble

85

d'exemples (cycles cardiaques) dont il cherche une définition. Dans notre cas, le système cherche à apprendre les formes des arythmies cardiaques à partir des exemples fournis à son entrée. Ces exemples sont présentés sous forme de paramètres (éléments du vecteur d'entrée) qui représentent les caractéristiques temporelles et morphologiques des cycles cardiaques classés selon les arythmies auxquelles elles correspondent.

L'algorithme d'apprentissage qui est la rétropropagation dans ce cas assure que les classes produites permettent de discriminer aux mieux les exemples en entrée.

4.4.2. Algorithme de la rétropropagation

Les réseaux de neurones supervisés requièrent un apprentissage par essais/erreurs, en partant d'exemples donnés sous forme de paires (problème, solution à ce problème).

La méthode numérique utilisée pour l'apprentissage et que nous avons adopté s'appelle la descente de gradient par rétropropagation.

L'idée de cet algorithme d'optimisation est que le gradient d'une fonction pointe toujours dans la direction où cette fonction croît le plus. Inversement, si nous multiplions le gradient par le scalaire -1, nous obtenons la direction de la plus grande décroissance de la fonction.

La difficulté majeure est de choisir le pas d'apprentissage. En effet, si nous allons le choisir trop petit, nous allons converger vers un minimum local très lentement et si nous le choisissons trop grand, nous ne convergeons pas, car nous allons sauter d'un côté à l'autre.

Plusieurs méthodes et algorithmes d'optimisation ont été proposés pour résoudre ce problème. Chaque méthode possède des avantages et des inconvénients, Bien entendu, aucune méthode ne conduit à coup sûr au minimum global.

4.4.3. Programmation

Notre choix étant porté sur l'algorithme de la rétropropagation du gradient, un programme est écris en Matlab pour l'implémentation software de cet algorithme. La fonction d'activation choisie est la fonction sigmoïde (Figure 4.24).

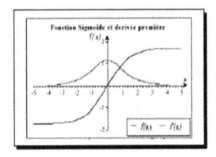

Figure 4.24 : fonction sigmoïde et sa première dérivée.

Une fonction sigmoïde est définie par f(x) donnée par :

$$f(x) = a\frac{e^{kx} - 1}{e^{kx} + 1}$$

En effet, elle tend vers a quand x tend vers $+\infty$ et tend vers -a quand x tend vers $-\infty$.

Le paramètre a régule alors la valeur de saturation, le paramètre k sert à réguler la pente de la courbe en tout point hors saturation.

Dans notre modèle, nous utilisons les fonctions logsig et tansig implémentées sous

87

Matlab comme fonction d'activation (transition) dans le réseau de neurones.

Ces fonctions sigmoïdes sont continues et différentiables, elles sont également non décroissantes. Nous les appelons fonctions quasi-linéaires car elles sont presque linéaires dans l'intervalle d'intérêt.

Comme le montre la Figure 4.24   la fonction sigmoïde f(x) et sa dérivée première f'(x) sont toutes les deux des fonctions continues dans R. ceci est fort utiles lors des manipulations mathématiques de ces fonctions.

4.4.4. Dimensionnement du réseau

Il n'existe pas de résultats théoriques, ni même de règles empiriques satisfaisantes, qui permettent de dimensionner correctement un réseau de neurones en fonction de problème à résoudre. La conception d'un réseau multicouche se fait de manière expérimentale, la difficulté se pose généralement au moment du choix du nombre de couches intermédiaires et du nombre de neurones dans chacune d'elles. Pour la couche   d'entrée, elle contient autant de neurones que le nombre d'éléments du vecteur d'entrée. De même, pour la couche de sortie, elle contient autant de neurones que le nombre de classes à discriminer. De ce fait, la couche d'entrée est constituée de six neurones et la couche de sortie est constituée de quatre neurones (Figure 4.25).

Pour déterminer le nombre de neurones de la couche cachée, nous avons procédé de la manière suivante :

1 . Préparer les cycles cardiaques correspondants aux arythmies   choisies   pour l'apprentissage.

2. Créer le réseau de neurones dont le nombre de la couche d'entrée (respectivement de sortie) est fixé suivant le vecteur d'entrée (respectivement classes en sortie).

3 . désigner un nombre de neurones arbitraire dans la couche cachée.

4 . Fixer une erreur de très faible valeur ainsi que le nombre d'itérations.

5 . Lancer l'apprentissage.

Tant que le processus diverge, augmenter le nombre de neurones dans la couche cachée, si celui ci est trop élevé augmenter le nombre de couches intermédiaires.

Il n'existe malheureusement pas de « super architecture neuronale », c'est à dire d'architecture fixe pour laquelle il suffirait d'adapter les poids au problème afin d'obtenir les meilleurs performances possibles. De manière générale, la taille et le type des connexions d'un réseau influent sur ses performances [Belgacem et al, 2009].

Notons toutefois que cette architecture trouvée n'est pas unique, et qu'il existe souvent plusieurs architectures permettant d'obtenir la même performance. Dans notre cas, l'architecture optimale sera celle qui possède la plus petite taille, ou plus précisément celle qui nécessitera le moins de calculs pour réaliser la fonction demandée.

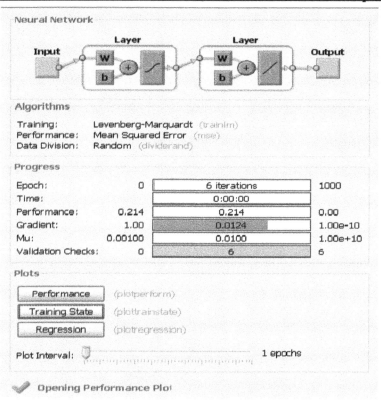

Figure 4.25 : l'application des réseaux de neurones.

Parmi les algorithmes utilisés, nous avons l'algorithme Levenberg-Marquard qui permet une adaptation du pas d'apprentissage.

En cliquant sur le bouton Performance, nous aurons la courbe d'erreur (Figure 4.26) de notre réseau.

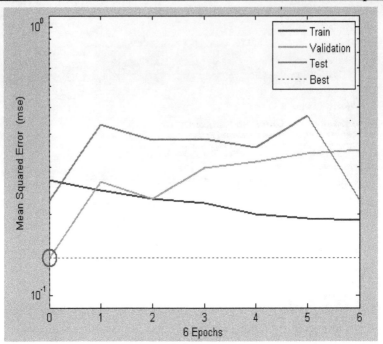

Figure 4.26 : la courbe d'erreur des réseaux de neurones.

4.4.4.1. Résultats et discussion

Les résultats présentés dans cette étude, pour la classification des signaux ECG ont été obtenus en appliquant à l'entrée du classificateur des signaux ECG de « LTSI » :

Notons que la phase d'apprentissage va s'arrêter sous l'une de ces conditions :

- L'erreur soit inférieur a 10-1.

- Le nombre d'itérations (6 epoch) maximum est atteint.

Notre système de classification nous a permet d'obtenir un taux de reconnaissance de 87 % en appliquant l'ensemble des signaux ECG de LTSI Database .

91

4.4.5. Conclusion

Le choix de variables d'un modèle ou d'un classificateur est bien souvent déterminant pour sa qualité. Dans cette étude, nous avons pu sélectionner les variables les plus représentatives d'un cycle cardiaque, cela était basé sur une étude générale des travaux antérieurs.

Si on compare nos résultats avec ceux obtenus dans les autres études, on constate non seulement que nous avons amélioré les performances du classificateur, mais aussi que celles-ci sont obtenues avec un réseau qui possède une architecture minimale vis à vis du nombre de classes en sortie. Ce point est très important, car cela permet de :

- Minimiser le temps de réponse du classificateur surtout si on désire avoir un classificateur temps réel.
- Faciliter la mise en œuvre du classificateur (réalisation pratique), car il nécessite un nombre réduit de neurones et donc moins de connexion.

Notons finalement, qu'il est possible d'obtenir des performances légèrement meilleures en utilisant plus de neurones en couche cachée.
Nous avons toutefois conservé l'architecture afin de limiter la complexité algorithmique et le temps de réponse du classificateur

92

4.5. Comparaison avec la littérature

Il est intéressant de comparer notre système de reconnaissance des arythmies cardiaques, avec d'autres systèmes proposés dans la littérature. Nous avons donc comparé notre résultat avec quelque travaux publiés et dont les titres sont les suivants : [Minami, 1999] Minami K « Real time discrimination of ventricular tachyarrhythmia with Fourier transform neuronal network »IEEE trans.biomed.eng. (46),179-185.

[Behadada, 2009] behadada.O « Construction d'un système d'aide à la décision médicale pour la détection d'arithmies cardiaques à l'aide d'arbres de décision flous » 2009[Benchaib, 2009] benchaib.Y, Chiikh.A, "a specialized learning for neural Classification of cardiac arrhythmias" Journal of Theoretical and Applied Information Technology,Vol6. No1. (pp 092 - 100).

[Benali, 2008] benali.R « Extraction des connaissances Et classification des données médicales » 2008 .

[Hendel,2010]hendel.M « Fusion de classifieurs appliquée aux signaux ECG pour la detection des anomalies cardiovasculaires »2010.

Le tableau (Figure 4.27) compare ces systèmes en fonction de la technique de classification, du taux de reconnaissance en test, et en fonction du nombre de classes considérées dans leurs études.

Travaux	Méthode	Nombre de classe	Taux de classification
[Minami, 1999]	MLP - Fourier	3	98%
[Hendel,2010]	Réseaux de neurones	6	99.44%
[Benali, 2008]	La logique	4	80%
[Behadada, 2009]	Arbres de décision	6	71%
[Benchaib, 2009]	Réseaux de neurones	3	90%

Figure 4.27 : Le résultat des travaux antérieurs.

On constate d'une manière générale, que les taux obtenus avec notre système sont comparables à   ceux des autres travaux. Cependant notre taux des réseaux de neurones est inférieur à ceux ([Benchaib, 2009] et [Hendel,2010]), du moment que nous n'avons pas étudié les mêmes classes, et en sachant bien sûr que la distinction entre la classe normale et la classe ventriculaire n'est pas évidente que ça soit du côté classifieur ou bien celui du cardiologue.

Par contre si on considère la méthode des chaines de Markov cachées, qui nous a donné un taux de classification de 92 % , on remarque que ce taux dépasse les autres,([Behadada, 2009]) qui a utilisé les arbres de décision flous (taux de reconnaissance égal à 71%).Pareil avec ([Benali, 2008]) qui a travaillé avec les réseaux de neurones et la logique floue (taux de reconnaissance égal à 80%).

Remarque

Notons que la pathologie ventriculaire qui a été l'intérêt de ce livre est de 100%, ce qui est très important et qui s'explique par :

Chaque fois que le classifieur rencontre un battement ventriculaire le caste dans sa classe correspondante.

4.6 Conclusion

L'objectif de ce chapitre était d'appliquer les principes théoriques des chaines de Markov dans un classifieur des pathologies cardiaques et les comparer avec les réseaux de neurones artificiels.

Nous avons mené différentes expérimentations pour trouver le meilleur vecteur d'entrée des caractéristiques d'un battement cardiaque.

Ensuite nous avons évalué les performances de chaque classifieur pour choisir le meilleur.

Conclusion générale

Dans ce travail nous avons présenté une méthode de classification des pathologies cardiaques à partir des enregistrements longues durées du signal ECG.

Les chaines de Markov cachées présentent un avantage majeur dans la classification grâce a leur rapidité d'exécution ainsi de leur facilité d'interprétation. Notons que dans le domaine médical, tout expert exige de toute méthode automatique d'aide au diagnostic de justifier ses décisions, une caractéristique absente dans plusieurs techniques citées dans la littérature en particulier les réseaux de neurones. La méthode que nous présentons dans ce livre offre aux médecines une précision et un temps de calcul

La qualité du signal ECG représente une contrainte majeure pour la reconnaissance des différentes pathologies. Ainsi que le mode d'acquisition a un rôle majeur pour différencier entre l'extrasystole ventriculaire et les autres pathologies. Notre base de données extraite de la base MIT-BIH et LTSI est composée essentiellement de battements de la dérivation DII ce qui constitue un handicap majeur lors de la classification.

Nous avons réussi à implémenter un classifieur basé sur les chaines de Markov cachées. Les résultats obtenus sont très encourageants, Le meilleur classifieur dans les expérimentations menées a un taux de classification de 92%, une performance qui peut être améliorée, si on augmente le nombre de dérivations.

Le choix des variables pertinentes d'un vecteur de caractéristiques à l'entrée de tout classifieur ou modèle de reconnaissance de formes, constitue une étape importante qui affecte directement sur les performances de ces derniers. Dans notre travail, nous avons consacré une partie pour combiner entre les différentes variables d'entrée, en se basant sur une approche géométrique afin d'avoir le meilleur vecteur de caractérisation.

Nous pouvons dire à partir de ces résultats obtenus, que les chaines de Markov cachées constituent une technique importante dans tout système d'aide au diagnostic dans le domaine cardiologique en particulier et dans le domaine médical en général.

Comme perspectives de ce travail, nous pouvons développer un logiciel à base des chaines de Markov cachées qui peut être implémenté dans un système de contrôle continue en cardiologie dans les salles de soins intensifs. Et de développer d'autres modèles d'apprentissage pour améliorer les performances des chaines de Markov cachées.

Bibliographie

[Acharya 2004], Acharya   R.U., and al., "Classification of cardiac abnormalities using heart rate signals", Med. Bio. Eng. Comp, Vol. 42 p.288-293, 2004.

[Behadada, 2009], Behadada.O « Construction d'un système d'aide à   la décision médicale pour la détection d'arithmies cardiaques à l'aide d'arbres de décision flous ».In A.Amine, O. Ait Mohamed,   and   Z. Elbeichi,   editors,   Conférence internationale sur l'informatique et ses applications, Saida, Algérie, May 2009.

[Belgacem, 2002], Belgacem, N., "détection et classification des arythmies cardiaques par application des réseaux des neurones". juin 2002.

[benchaib, 2009], benchaib.Y, chikh.A,   "a specialized learning for neural Classification of cardiac arrhythmias" Journal of Theoretical and Applied Information Technology,Vol6. No1. (pp 092 - 100).

[Carrault, 2003], Carrault, G., Cordier, M.O., Quiniou, R., and Wang, F., "Temporal abstraction and   Inductive Logic Programming for arrhythmia", Artificial Intelligence in Medecine, Elsivier, vol. 28, p. 231-263, 2003.

[Chikh, 2003], Chikh,   M.A., Belgacem, N.,   Meghnefi, F., and Bereksi- eguig,." Identification of PVC Beats by Neural Nets", Sciences & Technologies B, n0.20 pp. 28-32, 2003.

[Chikh, 2004a], Chikh, M.A., Bereksi-Reguig, F., "Classification of ventricular ectopic beats (VEBs) using neural networks", Journal of Mechanics in Medicine d Biology, vol. 4   3 pp. 333-340, 2004.

[Chikh, 2004b], Chikh, M.A., Bereksi-Reguig, F., "Application of artificial neural networks to identify the premature ventricular contraction (PVC) beats", Electronic Journal "Technical Acoustics", http :< //webmaster. ru/ eeaa/ejta/ > 2004.

[Desnos, 1995], Michel DESNOS, "l'électrocardiogramme savoir interpréter", édition 1995.

[Einthoven, 1941], W. Einthoven, "The galvanometric registration of the human electrocardiogram, like wise a review of the use of capillary-electrometer in physiology", in Cardiac classics: Willius FW-CV Mosby, St Louis, 1941.

[Fredric, 1996] Fredric, M., and Soowhan, H., "Classification of Cardiac Arrhythmias using Fuzzy ARTMAP", IEEE Trans. Biomed. Eng., vol. 43, no 4, Apr 1996.

[Cornuéjols et al, 2003] Cornuéjols. A, Miclet .L , « Apprentissage artificiel Concepts et algorithmes » 2003.

[Habib et al, 2010] Habib .M, Amara.M, Triqui.B and Behadada.O, « hmmclass » Application java sur les chaines de markon cachées.

[Hedeili, 2004] Hedeili, N., "Classification des arythmies cardiaques par l'analyse composante principale et les réseaux de neurones".2004.

[Holter, 1961] N. Holter, "New method for heart Studies", Science, vol. 134, pp. 1214-1229, 1961.

[Krishna 2003] Krishna G.P. and Sahambi J.S., "Classification of ECG Arrhythmias using Multi-Resolution Analysis and Neural Networks", Convergent technologies for the asia- pacific region, pp.227-231, 15-17 October 2003.

[Lagerholm, 2000], Lagerholm, M., and al., "Clustering ECG complexes using hermite functions and self-organizing maps", IEEE Trans. Biomed. Eng. pp. 838-848, 2000.

[Le Roux, 2003], Joël Le Roux ," Modèles de Markov Cachés » édition 2003.

[Minami 1999], Minami K., Nakajima H., Mark, R., and Toyoshima, T., "Realtime discrimination of ventricular tachyarrhythmia with fourier-transform neural network", IEEE Trans. Biomed. Eng., vol. 46, no 2, Feb 1999.

[Parizeau, 2004], Parizeau. M , "Reseaux de neurones" 2004 université Laval

[Rezaul et al, 2006], Rezaul.B, Joarder. K, and Ruhul. S, « Neural Networks in Healthcare:Potential and Challenges » University of New South Wales, Australia 2006

[Sandra et al,2006], Sandra .M et al "Online 1MM Adaptation Applied to EGG Signal Analysis" IEEE ISIE 2006, July 9-12, 2006, Montreal, Quebec, Canada.

[Silipo, 1999a], Silipo1 R., "Investigating electrocardiographic features in fuzzy models for cardiac arrhythmia classification", 4th workshop on intelligent data anlysis in medecine and pharmacology (IDAMAP), Washington, Nov 1999.

[WHO, 2005], World Health Organization 2005, Library Cataloguing-in-Publication Data.

[Zhou, 2003], Zhou J., "Automatic Determining of Premature Ventricular Contraction Using Quantum Neural Networks", Proc. of the 3rd IEEE Symposium on BioInformatics and bioEngineering BIBE'03, pp. 169-173, 10-12 March 2003.

Contribution de l'auteur

Communications :

1. Bouchra Triqui, Abdelkader Benyettou, Djamila Benhaddouche " Automatic Recognition of Reanimation Events from physiological Parameters" IETC Conference, April 27-28, Turkey

2. Bouchra Triqui, Abdelkader Benyettou " Desingn of a Dynamic Web Site" IETC Conference, April 27-28, Turkey

Procedings :

1. Bouchra Triqui, Abdelkader Benyettou, Djamila Benhaddouche " Automatic Recognition of Reanimation Events from physiological Parameters" IETC Procedings Book Volume1, Turkey

2. Bouchra Triqui, Abdelkader Benyettou " Desingn of a Dynamic Web Site" IETC Procedings Book Volume1, Turkey

Stage de perfectionnement :

1. stage au sein du laboratoire GBM de Tlemcen dirigé par Monsieur Cheikh Amine.

2. stage à l'hôpital de Mostaganem service cardiologie.

RÉSUMÉ :

Nous traitons dans ce livre l'extraction de la connaissance à partir des données, en utilisant les chaines de Markov cachées afin d'implémenter un classifieur des pathologies cardiaques. Dans un premier temps nous introduisons des notions de base en électrophysiologie du cœur en précisant la nature électrique du signal ECG et ses différentes ondes (P, Q, R, S et T), nous présentons après la définition de quelques pathologies cardiaques contenant des anomalies ciblées dans notre étude (les extrasystoles ventriculaires, Auriculaires et Jonctionnelle). Ensuite nous présentons notre méthode basée sur les chaines de markov cachées et la comparer avec les réseaux de neurones, les SVM, ect.

Les résultats de nos expérimentations et leurs interprétations sont donnés pour mieux comprendre notre approche et de bien voir l'apport de cette dernière dans le domaine cardiologique en particulier.

Mots clés : Electrocardiogramme (ECG), extrasystole ventriculaire, extrasystole auriculaire, extrasystole jonctionnelle, connaissance, chaine de Markov cachée, réseaux de neurones, intelligence artificielle.

Abstract:

In this book, we are going to treat the extraction of knowledge from data, in using the hidden Markov model in order to implement a classifier of cardio-pathologies

In the first instance, we introduce the basic notions of electrophysiology of the heart in précising the nature of electric signal ECG and its different waves (P, Q, R, S and T)

We present after that the definitions of some cardio-pathologies containing anomalies predefined in our study like premature ventricular contraction (V), auricular contraction (A), jonctionnal contraction (J),

After that we present our method based on the hidden markov model and we compare this model with another model like neuronal network, SVM network .

The results of our experiments and their interpretations are given to better understand our approach and see better the influence of the latter on the cardiology, sphere.

Key words: cardio-pathologies, premature ventricular contraction, auricular contraction, jonctionnal contraction, extraction of knowledge, hidden markov model, neuronal network, artificial intelligent .

www.ingramcontent.com/pod-product-compliance
Lightning Source LLC
LaVergne TN
LVHW042338060326
832902LV00006B/243